헛소리의 품격

헛소리의 품격

이승용 지음

whale books

고품격 헛소리?

아이디어 두통으로 고민이신 분? 효과 빠른 크리에이티
브를 찾고 계신 분? 부작용 없는 근사한 문장이 궁금하신 분?
그렇다면 헛소리를 처방받을 것!

이게 무슨 헛소리인가 싶겠지만, 너무 걱정하지 마시길.
국가 공인 자격증은 없어도, 석사 박사 학위는 없어도, 헛소리
에 대해서만큼은 꽤나 전문가니까. 나는 주변에 존재하는 다양
한 헛소리들을 찾고, 모으고, 정리하면서 10년째 광고 회사에서
일하고 있는 카피라이터다.

나의 직업을 듣자마자 머릿속으로 몇몇 분을 떠올릴지

도 모른다. 아름다운 문장으로 마음을 훔치고, 따스한 카피 한 줄로 흐뭇한 웃음을 짓게 하는 멋진 카피라이터들 말이다. 나도 그런 카피라이터가 되고 싶었다. 하지만 내가 좋아하는 광고를, 생각한 아이디어를, 열심히 쓴 카피를 주변 사람들에게 보여주면 대개 이런 반응을 보였다.

"비싼 밥 먹고 왜 헛소리야?"

증권사 광고 아이디어를 고민할 때였다. 나는 친구들과의 술자리에서 호권, 당랑권, 그다음으로 '○○증권'이 영웅처럼 나오는 권법 액션물을 만들면 어떻겠냐고 떠들었다. 친구들은 비웃었다. 이런 아이디어를 내면서 어떻게 밥벌이를 하느냐고, 회사에 고맙게 생각하라고. 그런데 며칠 뒤 광고주는 만족스럽게 웃었다. 허무맹랑한 아이디어는 유튜브에서 누구나 볼 수 있는 광고가 되었고, 광고주는 내친김에 후속편도 제작하자는 이야기를 꺼냈다. 나는 소정의 밥값을 한 셈이다.

헛소리의 세계는 알면 알수록 무궁무진하다. 무해하면서도 유쾌하고, 어이없으면서도 뼈가 있는, 가벼우면서도 곱씹을수록 기분 좋아지는 헛소리가 있다. 이런 종류의 말들을 나는

'고품격 헛소리'라고 부른다. 격조 있는 헛소리는 밥값을 벌어다줄 뿐만 아니라, 사람의 마음을 움직인다. 듣는 순간 '헛?' 물음을 가지게 하고, 자신도 모르게 '헉!' 소리를 내면서 공감하게 하고, 끝내는 '헐!' 감탄사를 외치며 무릎을 치게 하기 때문이다. 주변을 한번 둘러보자. 세상 모든 헛소리가 크리에이티브한 것은 아니지만, 크리에이티브한 말 중에는 헛소리처럼 느껴지는 것이 많다. 내가 품격 있는 헛소리를 추구하는 이유다.

배우 최화정 씨가 유행시킨 '맛있게 먹으면 0칼로리'라는 말이 있다. 과학적으로는 결코 성립할 수 없는 표현이다. 모든 식품에는 칼로리가 있기 때문이다. 하지만 이 말도 안 되는 말은 음식이 선사하는 순수한 즐거움을 일깨운다. 다이어트에 너무 연연하기보다는, 때론 맛있는 걸 맛있게 먹는 게 중요하다는 푸근한 위로를 건넨다. 이 멋진 핑계 덕분에 야심한 밤 용감하게 야식을 시켜 먹은 적이 누구나 한 번쯤 있을 것이다. 그렇다면 이 짧은 유행어야말로 전국 식당 사장님들의 매출에 도움을 준 유용한 카피가 아닐까? 게다가 무엇이든 맛있게 먹으면 칼로리는 제로가 아닐지언정 스트레스는 제로에 가까워질 게 분명하다. 헛소리에는 우리를 다독여주는 매력이 있다.

2017년, 충주시 페이스북 페이지에는 다소 수상한(?) 고구마 축제 홍보 포스터가 업로드된다. 그림판으로 만든 저퀄리티 포스터에선 난데없는 삼행시가 눈에 띈다. '고구마 **구**우면 마시쩡', '고구마 **구**운거 싫으면 마탕?ㅋ' 관공서 특유의 정형화된 스타일을 벗어난 이 홍보 게시물은 어이없게 재미있고 황당하게 매력적이라는 평을 받으며 많은 이들의 관심을 받았고 급기야 뉴스에도 소개된다.

이런 반응에 힘입어 2018년 고구마 축제 때에는 유명 축구 선수 크리스티아누 호날두 특유의 세리머니 포즈에 고구마를 엉성하게 합성한 '호우! 축제 고우! 고구마계의 호날두' 포스터가 등장한다. 그 외에도 영화 〈반지의 제왕〉에 나오는 캐릭터 '골룸'이 한 손에 고구마를 든 채 '고칼로리 시대를 **구**원할 **마**이 프레셔스~'라고 외치는 등 기상천외한 포스터가 줄지어 올라온다. B급 감성의 고구마 축제 게시물은 순식간에 A급 반향을 일으켰고, 당시 충주시는 청와대를 제치고 정부 기관 페이지 도달률 1위를 기록한다.

'싱싱하고 맛있는 고구마가 가득한 축제'와 같은 평범한 문구로 포스터를 만들었다면 어땠을까? 군더더기 없이 정보를 전달할 수는 있어도, 재미와 흥미만큼은 온데간데없이 사라지진 않았을까? 헛소리 같은 포스터는 사람들의 눈길을 잡아끈다. 대체 이 축제가 무엇인지 검색하게 하고, 어떤 행사길래 이런 포스터를 만드는지 궁금하게 한다. 헛소리를 잘 활용하면 딱딱한 지역 페스티벌에 말랑한 매력을 불어넣을 수도 있다.

나는 이런 헛소리들로 광고주와 소비자의 마음을 얻고

자 한다. 좋은 헛소리에는 똑소리 나는 인사이트가 숨어있기 때문이다. 읽자마자 호기심을 유발하던 한 문장도, 시간이 지나도 잊히지 않을 만큼 강렬한 인상을 남긴 한마디도, 돌이켜보면 헛소리에 가까운 것이었다. 그리고 누군가는 가볍게 웃어넘겼을 그 말을 카피로 만들고 아이디어로 활용할수록 색다른 광고가 태어났다. 헛소리를 사랑하지 않았다면 나는 카피라이터가 될 수 없었을 것이다. 헛소리에서 찾은 의미 있는 순간들을 모아 이 책을 썼다.

헛소리의 쓸모를 주장하는 게 헛소리처럼 느껴질 수도 있다. 하지만 이 글을 멈추지 않고 읽었다면, 바로 이 문장을 보고 있다면, 이것을 마냥 헛소리라고 치부할 수 있을까? 첫 문단부터 헛소리로 시작한 덕분에 당신은 어느새 이 글을 끝까지 읽게 된 건 아닐까? 헛소리는 무용하지 않다. 당신이 쓸모 있는 헛소리를 아직까지 만나지 못했을 뿐이다. 헛소리의 품격을 알게 된다면, 그 가치를 느끼게 된다면, 당신도 나처럼 헛소리에 푹 빠지게 될 것이다. 그리고 자신도 모르는 사이에 마주하게 될 것이다. 지금까지와는 다른 방식으로 한 문장을 쓰고 있는, 바로 당신이라는 카피라이터를.

차례

PART 1

아이디어: 헛소리에서 발견한 인사이트

PART 1

아이디어:

헛소리에서 발견한
인사이트

용기 있는 사람만이
말장난으로 성공한다

태어나서 단 한 번도 오산에 가보지 않았지만, 경기도에 있다는 건 확실히 알고 있다. 바로 이 유행어 때문이다.

"그렇게 생각한다면 경기도 오산입니다."

특정 지역명을 활용한 말장난은 꾸준히 사랑받는 개그 소재다. 인터넷이란 바다를 서핑하다 보면 이런 식의 말장난에 푹 빠진 사람들을 종종 만난다. 지역명 말장난이 포함된 게시글이 올라오면 목말라 있던 누리꾼들은 댓글을 달기 위해 손가락을 노 삼아 거친 물살을 헤엄쳐 온다. 그리고 전국 팔도 모든 지역명을 활용해 각자의 내공을 뽐낸다. "이런 글 자꾸 올리면 경기도 성남!" 어떤 이는 화가 난 척을 하며 말장난에 동참하고, 또 다른 이는 그만하라고 말하면서도 "이제 말장난 좀 하지 마산!"이라며 말장난을 멈추지 않는다. 그렇게 댓글은 또 다른 댓글을 부른다. 머릿속에 파도처럼 밀려오는 말장난은 해도 해도 끝없이 샘솟기 마련이다.

회의실에서도 이런 말장난은 물밀듯이 쏟아진다. 신세계 그룹에서 론칭한 복합 쇼핑몰 '스타필드'의 광고를 제작할 때였다. 캠페인의 목표는 당시 경기도 하남에서 처음으로 오픈했던 스타필드를 대대적으로 알리는 것이었다. 그런데 쇼핑몰 위치가 하남이라고요? 하~남~? 말장난의 물결이 요동쳤다.

"지금 뭐하남?"
"쇼핑하남?"
"심심하남?"
"지루하남?"

하남으로 끝나는 문장이 여기저기서 튀어나왔다. 침 튀기며 하남을 외치고, 머리를 싸매며 고민하다가 또 다른 하남을 외치는 식이었다. 온갖 하남이 10분 넘게 회의실을 맴돈 끝에 우리는 지치고 말았다. 헉헉. 이제 하남으로 끝나는 말은 없는 것 같아요…. 말장난의 향연은 자연스레 끝났다. 하지만 팀장님은 멈출 생각이 없어 보였다. 이 메시지로 꼭 광고를 만들어야겠다며 결의에 찬 어투로 말하는 게 아닌가.

어느새 말장난은 장난이 아니게 되었다. 옥외 광고판에 '지금 뭐하남? 스타필드 하남!'이란 카피가 대문짝만하게 실린 것이다. 올림픽대로에 설치된 이 광고는 많은 이들의 SNS에 올라오면서 차츰 입소문을 탔고 쇼핑몰에 대한 관심도 덩달아 커졌다. 회의실에서 튀어나온 가벼운 말장난으로 광고를 만들면 되겠냐는 내 생각이야말로 경기도 오산이었다.

두 번째 스타필드는 고양이었다. 고양이냐고요? 아뇨, 고양시였습니다. '~할 고양?'과 같은 '고양'체로 유명한 도시에 스타필드가 오픈한다니. 이곳을 널리 알려 스타필드를 흥하게 하여라! 말장난의 신이 우리를 도와주는 듯한 기분이었다. 이번엔 귀여운 고양이를 모델로 '언제 올 고양? 스타필드 고양!'이라는 카피를 큼지막하게 더했다. 지하철 스크린부터 명동 신세계 백화점 본점까지, 여러 곳에서 우리가 만든 광고를 볼 수 있었다. 말장난은 계속 광고가 되는 고양!

궁극적으로 지역명 말장난은 꽤나 전략적인 접근이 되었다. 하남이나 고양이라는 도시명을 떠올릴 때마다 가장 먼저 생각나는 쇼핑몰로서 스타필드를 알릴 수 있었기 때문이다. 말장난은 가볍다고들 하지만, 가볍기 때문에 사람들에게 부담을 주지 않는다. 머릿속에 쉽게 각인된다. 사람들의 닫혀있던 마음의 문을 활짝 열게 하는 힘, 평범한 지역마저 새롭게 바라보게 하는 힘. 별것 아닌 지역명 말장난에는 그런 힘이 숨어있다. 가벼운 말장난이 때론 묵직한 한 방이 되는 이유다.

이제 나는 제품이나 서비스가 특정 지역을 거점으로 할 때면 지역명을 뚫어지게 바라본다. 그 속에 숨겨진 또 다른 의미를 만나기 위해서다. 그러다 보면 강원도 인제에서 '인제 그만'을 발견하고 경기도 수원에서 '과수원'을 찾아내게 된다. 이와 같은 말장난은 익숙한 지역명에 새로운 가치를 부여한다. 상대방과 더 가까워지기 위해서 고향을 물어보는 것처럼, 나는 처음 만나는 제품이나 서비스에도 어느 지역에서 태어났는지 질문한다. 그 지역을 특별하게, 재미나게 만드는 것만으로도 대상을 바라보는 시선이 달라진다.

물론 누군가는 썰렁한 말장난에 불과하다고 말할지도

모른다. "바람이 많이 부는 동네는? 분당~"과 같은 개그에 아무도 웃지 않는 슬픈 상황이 생길 수도 있다. 하지만 말장난에 도전하고 싶다면 이런 반응을 두려워해선 안 된다. "지금 뭐 하는 거죠?"라는 타인의 핀잔을 꿋꿋이 이겨내며 "지금 뭐하남!"을 외치고, "대체 왜 이러는 거야?"라는 누군가의 불평 앞에서 "언제 올 고양?"이라며 너스레를 떨어야 한다.

경기도 하남과 고양이 광고로 다시 태어난 건, 우리가 말장난 앞에서 쉽게 주눅 들지 않았기 때문이다. 장난스러운 아이디어를 장난 아니게 만드는 힘은 사람들의 눈치를 이겨내는 뚝심에서 나온다. "오키도키~ 매킨토시~ 이다도시~ 남양주시~"라는 유행어를 몇 년째 외치던 코미디언 김신영 씨는 2018년에 남양주시 홍보대사로 위촉됐다는 사실! (참고로, 김신영 씨는 남양주시가 아닌 서울시 마포구 주민이라고 한다.) 결국, 용기 있는 사람만이 귀여운 말장난으로 승리하는 법이다.

말장난은 가볍다고들 하지만,
가볍기 때문에 사람들에게
부담을 주지 않는다.
머릿속에 쉽게 각인된다.
닫혀있던 마음의 문을 활짝 열게 한다.

가끔은
소설가가 되자

나는 사무실 자리에 앉아 머리를 쥐어뜯고 있었다. 삼성
증권의 ELS가 뭔지 이해가 되질 않았다.

'ELS(Equity-Linked Securities)는 주가와 연동되어 투자 수
익이 결정되는 금융 상품을 말함'

오리엔테이션 문서에는 딱딱한 설명이 적혀있을 뿐이었
다. 나도 어려운 개념을 사람들에게 어떻게 전달하지? 게다가
ELS는 다른 증권사에서도 가입할 수 있는 상품이었다. ELS 하
면 삼성증권이 딱 떠오르면 좋겠는데…. 여러 가지 고민이 머릿
속을 맴돌았다. 온갖 잡생각이 돌고, 또 돌다가 결국엔 내 눈이

돌아갔다. 문득 삼성증권의 '권'이 권법을 뜻하는 '권'처럼 보였다. 한번 무협 소설처럼 접근해봐? 나는 소설을 쓰기 시작했다.

무협 소설의 핵심은 필살기 이름이다. 다양한 문파의 비기를 보는 재미가 무협 소설을 읽게 만든다. 외공이 극에 달하여 온몸이 금강석(다이아몬드)처럼 단단해지는 '금강불괴'나 만 가지 독에 면역이 생기는 '만독불침'처럼, ELS가 무엇인지 잘 모르더라도 그 효과만큼은 확실하게 느껴지도록 단번에 각인되는 무공 이름을 짓고 싶었다. 때마침 영어 발음을 한글로 '이엘에스'라고 적고 보니 딱 네 글자였다. 이를 사자성어처럼 '이애래수'로 바꿔보았다. 상품의 속성을 설명하는 뜻풀이까지 더하면 완벽하겠다는 생각이 들었다. 나는 사전을 뒤지며 발음에 어울리는 한자를 찾고 또 찾았다.

이(利) 애(愛) 래(來) 수(水)
이로울 이! 사랑 애! 올 래! 물 수!
사랑스러운 수익이 물 흐르듯 다가온다!

발음에서 의미까지 두 마리 토끼를 다 잡은 필살 무공이 탄생하는 순간이었다.

그때부터 사랑스러운 아이디어가 물 흐르듯 다가오기 시작했다. 백성들이 살고 있는 성은 '수익성'이 되었다. 투자 수익을 목표일보다 앞서 달성하여 받게 되는 '조기 상환'은 백성들을 치료해주는 환으로 치환했고, 사람들을 위협하는 괴물의 이름은 초저금리 시대인 점을 감안하여 '초저'로 지었다. 그리고 대결하기 전 괴물 초저의 '금니'가 빛나는 설정을 더했다. 초저금리는 어느새 '초저&금니'가 되었다. 디테일한 요소가 정해지자 수익성을 사수하려 하는 영웅의 이야기가 자연스레 떠올랐다.

예부터 백성들을 가난으로부터 지켜주던 성, 수익성! 어느 날 괴물이 쳐들어오고 수익성은 흔들리기 시작하는데… 괴물의 부하들은 취권, 당랑권, 호권으로 무장하여 사람들을 위협한다. 이에 대적할 수익성 최후의 희망, 삼성증권! 그는 과연 비기 '이애래수'를 완성하여 도탄에 빠진 백성들의 수익성에 평화를 가져다줄 수 있을 것인가?

나는 회의실에서 무협 소설의 줄거리를 설명하면서 "이애래수!"를 목청이 터져라 외쳤다. 바통을 이어받은 팀장님이 광고주 앞에서 다시 한번 "이애래수!"를 부르짖었다. 몇 주 뒤에는 광고 촬영장에서 감독님이 "이애래수!"를 수십 번 고함치며 디렉션을 내렸다. 온에어된 광고에서는 배우 김성규 씨가 "이애래수!"를 비장한 표정으로 외치고 있었다.

광고주는 ELS뿐만 아니라 다른 금융 상품까지 '이애래수' 캠페인처럼 만들자고 요청했다. 예정에 없던 새로운 제안이었다. 나의 소설 쓰기는 무협을 넘어 다양한 장르로 뻗어나갔다. 해외 주식을 다룬 2차 광고에서는 서부극을 배경으로 정보가 부족한 '정보부족민'을 구원하는 총인 삼성증'건'을 이야기했다. 3차 광고에서는 중세 판타지 느낌으로 연말정산의 절세를 도와주는 절세의 검, 삼성증'검'을 말했다. 무협 소설을 써보겠다며 호기롭게 시작했던 아이디어가 시리즈로 발전한 것이다. 삼성증권의 광고를 만드는 동안 나는 다양한 장르의 소설가가 되었다.

카피를 쓸 때마다 나는 다른 사람이 된다. 유제품 광고에 들어갈 카피를 쓸 땐 학교 가기 싫다고 투정 부리는 아이의 마음을 떠올린다. 노트북 광고를 기획할 땐 잔뜩 긴장한 신입 사원이라면 노트북을 어떻게 다룰지 상상한다. 때로는 작가의 심정으로 대본을 작성하며 라디오 형식의 광고를 만들고, PD처럼 영상 자막을 고민하며 예능 프로그램 스타일의 광고를 제작하기도 한다.

수많은 개념이 한데 모여 뒤섞이는 순간, 창작물은 다채롭게 진화한다. 나와는 다른 존재를 상상하기만 해도, 여러 장르의 문법을 슬쩍 빌려오기만 해도, 자신의 작품에 신선한 매력을 더할 수 있다. 다른 영역을 기웃거리며 아이디어를 얻고 그 본질을 활용하다 보면 새로운 무언가가 탄생한다. 게임을 하다가도, 넷플릭스를 보다가도, 만화를 읽다가도 영감은 찾아온다. 영감님! 다른 장르로 한번 넘어오는 건 어떠신지요? 여기저기 살고 있는 수많은 영감님은 오늘도 장르를 넘나들며 새로운 터전을 찾아간다.

카피라이터는 다양한 장르에 숨겨진 수많은 생각을 카피(copy)하여 글을 쓰는 라이터(writer)다. 소설이나 영화, 친구들과의 대화, 회화 작품 등 여러 분야에 숨어있는 생각을 빌려와 자신만의 카피와 아이디어를 만들기 때문이다.

주변에서 영감의 소재를 찾고 있다면, 책 속 문장에 밑줄치며 창작의 욕구가 샘솟는다면, 책상에 앉아 펜을 들고 무언가를 쓰려고 고민하고 있다면, 당신은 이미 훌륭한 카피라이터다.
모방과 창조, 그 사이에서 계속해서 무언가를 쓰는 사람이라면
누구라도 그렇다.

소설이나 영화, 친구들과의 대화,
다양한 회화 작품 등
다른 장르를 기웃거리면
새로운 무언가가 탄생한다.
게임을 하다가도, 넷플릭스를 보다가도,
만화를 읽다가도 영감은 찾아온다.

돈으로 살 수 있는
추억을 파는 일

"추억은 돈으로 만들어야 된다이?"

유튜버 박막례 할머니가 여행지에서 돈 주고 찍은 기념 사진을 보고 하신 말씀이다. 사진 속 할머니는 대여한 한복을 입고 포즈를 취하거나 낚시로 잡은 생선을 자랑하고 있었다. 그때는 돈이 좀 아깝기도 했지만 지나고 보니 그게 다 추억이었다고 말하는 할머니의 고백을 들으며 나는 무릎을 탁 쳤다.

보통 추억은 돈으로 살 수 없다고 말한다. 엄마 아빠가 자전거 타는 법을 알려준 기억이나 영화관에서 떨리는 마음으로 좋아하는 사람의 손을 잡은 순간 등 우리에겐 몇억을 줘도 바꿀 수 없는 추억이 하나쯤 있으니까.

하지만 세상에 공짜로 얻을 수 있는 추억은 많지 않다. 일단 부모님이 자전거를 사주지 않는다면 자전거를 배울 수 없다. 게다가 헬멧 등 각종 보호 장구를 챙겨주지 않는다면? 자전거 배우기가 무서워 공원에서 눈물을 펑펑 흘리지 않을까? 그런 일이 반복되면 극심한 트라우마가 생기고, 자전거를 타지 못하는 어른으로 자랄지도 모른다!

첫사랑과의 영화관 데이트도 마찬가지다. 우선 티켓을 사야 한다. 여기선 영화관의 유형도 꽤 중요하다. 만약 조금 더 비싼 아이맥스관에서 영화를 본다면? 웅장한 사운드로 심장 박동 수가 한껏 올라간 덕분에 손을 잡게 될 확률이 조금이라도 높아지지 않을까? 팝콘도 중요한 소비 항목이다. 팝콘 통 안에서 서로의 손이 부딪치다 보면 설렘이 커질 것이다. 이렇듯 추억에도 돈이 든다. 애틋한 기억 속에는 가볍게 지나쳤던 각종 소비 활동이 콕콕 박혀있다.

광고는 이 지점을 예리하게 파고든다. 카피라이터로 일하면서 내가 쓰는 카피는 멋진 추억을 구매하라는 내용이 대부분이다. '영원히 기억될 한순간을 찍다. ○○ 카메라와 함께'와 같은 카피를 쓴다면, 카메라를 사는 순간 오래도록 남을 추억까지 덤으로 얻게 된다고 말하는 것이다. '비 오는 날이 더 즐거운 이유, ○○ 장화'와 같은 카피도 마찬가지다. 이 장화 한 켤레로 궂은 날씨에도 뽀송한 발걸음을 즐기며 화창한 추억을 만들라는 의미다.

마케팅은 제품과 서비스가 줄 수 있는 추억이 무엇인지를 생각하는 일이다. 가슴 아픈 이별도, 잊지 못할 첫사랑도 모두 광고의 소재가 될 수 있다. KT 통신사에서 나온 만 12세 이하 전용 데이터 요금제인 '와이주니어' 광고를 만들 때도 그랬다. 함께 일하던 동료 아트 디렉터가 흥미로운 아이디어를 제안했다. 초등학생의 슬픈 사랑 이야기에 데이터 요금제의 필요성을 재치 있게 녹이자는 생각이었다.

초등학생 남자아이가 같은 반 여자 친구와 데이트를 하며 호감을 쌓는다. 마침내, 소녀는 '우리 사귀자'는 고백을 소년에게 카톡으로 보낸다. 하지만 모바일 데이터를 다 소진해 버린 소년은 제때 답장하지 못한다. 갖은 시도 끝에 그는 한참 뒤에야 "나도 좋아! 우리 사귀자!"는 메시지를 보내는데…. 그녀로부터 온 카톡은 차갑기만 하다. "이미 늦었어. 사랑은 타이밍이야…." 사랑에 실패한 소년은 눈물을 흘리며 바닥에 핸드폰을 떨어뜨린다.

아련하고도 귀여운 초등학생의 실연을 요금제 상품의 속성과 절묘하게 연결한 스토리였다. 나는 선배와 함께 엔딩 카피를 썼다.

사랑에는 늘 데이터가 필요하니까. KT 와이주니어 요금제.

연인과 나누는 사소한 카톡에도 데이터가 소모된다. 어디서든 연락을 나누기 위해서는, 늦지 않게 답장을 하기 위해서는 요금제 가입이 필수다. 돈으로 사랑을 살 수는 없지만, 첫사랑에 도움이 되는 요금제에 가입할 수는 있다. 추억에도 때로는 적절한 소비가 필요하다는 걸 기분 좋게 전달하는 게 광고의 역할이 아닐까 싶다.

Insight Summary ○ **기꺼이 구매하고 싶은 추억을 전달하자**

‒ 영원히 기억될 한순간을 찍다. ○○ 카메라와 함께

‒ 비 오는 날이 더 즐거운 이유, ○○ 장화

- 사랑에는 늘 데이터가 필요하니까. KT 와이주니어
요금제

추억은 돈으로 만드는 것이라는 박막례 할머니의 말을
곱씹으면서 나는 자리에 앉아 카피를 쓴다. 마케팅은, 광고는
기꺼이 구매하고 싶은 추억을 사람들에게 선사하는 일이니까.
어느새 할머니가 키보드를 두드리는 내 곁에서 말을 건다. "시
방 똑바로 하고 있는겨?" 할머니께서 보셔도 만족할 만한 광고
를 만들기 위해 고군분투 중입니다! "지금 사기 치는 거 아녀?"
좋은 걸 더 좋다고 말할지언정 거짓말은 쓰지 않겠습니다! 사
람들이 소비하기에 적절한 콘텐츠를, 광고를 만들겠습니다! 나
는 두 눈을 부릅뜨고 모니터를 쳐다본다.

그리고 침침해진 눈을 비비며 퇴근한 후에는 친구들을
만난다. 함께 맛있는 안주를 먹으며 즐겁게 술잔을 부딪친다.
읽고 싶은 책을 사고, 입고 싶은 옷을 쇼핑하고, 가보고 싶었던
전시회 티켓도 구매하면서, 이곳저곳에서 지갑을 열고 그럴싸
한 추억을 만들 것이다. 우리의 '값진' 추억을 위하여!

마케팅은 제품과 서비스가 줄 수 있는
추억이 무엇인지를 생각하는 일이다.
추억에도 때로는 적절한 소비가
필요하다는 걸 기분 좋게 전달하는 것이
광고의 역할이다.

단점까지
사랑하지 않을 수 없어요

드라마 〈멜로가 체질〉에는 유명 드라마 감독 손범수와 첫 작품으로 데뷔를 꿈꾸는 작가 임진주가 등장한다. 드라마 제작을 위한 프레젠테이션을 마친 후 범수는 진주에게 이런 말을 한다.

"작가님 작품은 문제가 많아요. 난 그 문제가 좋은 거고."

나도 모르게 심장이 쿵쾅거렸다. 이 멘트, 내 체질인가? 당신의 작품 속 문제까지 좋아하겠다니. 이 정도면 썸 타는 게 아니라 결혼하자는 거 아니냐고! 퉁명스럽게 내뱉은 대사 하나가 내 마음을 쿡쿡 찔렀다. 드라마가 나의 연애 세포에 불을 지르는 것만 같았다. 나는 며칠 밤을 새우면서 〈멜로가 체질〉을 정주행했다.

무언가의 단점마저 기꺼이 좋아하는 것은 카피라이터가 주로 하는 일이기도 하다. 마케팅하는 품목이나 서비스에는 대개 장점과 단점이 공존한다. 누구도 불편을 느끼지 않는 제품은 없다. 많은 이들이 좋다고 해도 그것을 싫어하는 사람은 세상 어딘가에 반드시 있기 마련이다. 이에 대처하는 방법은 크게 두 가지다. 단점을 가릴 만큼 장점을 극대화하거나, 남들에게 단점이라고 느껴질 부분을 매력적으로 포장하거나. 후자를 위해선 먼저 단점을 애정 어린 눈으로 바라보아야 한다. 범수가 진주의 작품 속 문제를 좋아한다고 말할 수 있었던 건 누구보다 꼼꼼히 진주의 드라마를 분석했기 때문이다. 문제가 되는 지점을 집요하게 관찰하지 않았다면, 그것을 좋아한다고 얘기할 수 없었을 것이다. 사람들이 별로라고 생각하는 부분까지 자세하게 살펴보면 미처 알지 못했던 장점을 끄집어낼 수 있다.

구강 청결제 '리스테린'은 호불호가 극명하게 갈리는 제품 중 하나다. 이것의 가장 큰 특징은 미칠 듯한 알싸함이다. 입 안에 머금고 가글을 하면 엄청난 화끈거림이 입속을 강타한다.

처음엔 괜찮다 싶다가도 5초 정도 지나고 나서부터는 참을 수 없는 존재의 화끈거림을 느끼게 된다. 리스테린을 처음 접하는 소비자 중에는 이때의 고통이 지나치게 강렬한 나머지 황급히 뱉어버리는 이들도 있다. 이런 특성은 초보 소비자에게 큰 진입 장벽으로 작용한다.

하지만 리스테린의 골수팬들에게 이 고통은 유익한 아픔이다. 가글을 할 때마다 입안이 쓰려서, 너무 아파서, 역설적으로 리스테린이 입속 세균을 확실하게 없애준다고 생각하기 때문이다. '입에 쓴 것이 몸에 좋다'는 속담을 떠올려보자. 아무 느낌도 고통도 없다면, 효과도 없다고 믿는 게 사람의 심리다. 리스테린을 즐겨 쓰는 팬들은 이렇게 말할 것만 같다.

"리스테린 님은 문제가 많아요. 난 그 문제가 좋은 거고."

광고주가 이 멘트를 듣는다면 아마도 흐뭇한 웃음을 짓지 않을까. 그리고 카피라이터는 이 지점을 놓치지 않는다. 쓸만한 접근이 보이면 어떻게든 메시지로 활용한다. 1970년대에 어떤 카피라이터는 리스테린 인쇄 광고의 헤드라인을 이렇게 썼다.

싫은데, 좋아요(I hate it, but I love it).

아리송하게 느껴지는 카피지만 그 밑에는 이런 식의 설명이 덧붙여진다. "맛은 정말 별로지만, 효과는 정말 사랑할 수밖에 없다고요!" "입속을 정말 화끈거리게 만들지만, 그렇기 때문에 효과는 확실하답니다?" 어느새 제품의 단점은 입속 세균을 제거하기 위해 기꺼이 감내해야 할 고통으로 바뀐다. 리스테린의 짧은 카피를 풀어보면 '(입속이 화끈거려서) 싫은데 (효과가 확실해서) 좋아요'가 될 것이다. 단점이라고 여겨지는 부분을 장점으로 바꾼 멋진 문장이다. 많은 내용을 과감히 생략하고 '싫은데 좋아요'라는 핵심만 남긴 것도 훌륭하다. 불필요한 표현을 과감히 없애고 본질만 남긴 문장은 사람들에게 호기심을, 궁금증을, 나아가 임팩트를 선사한다.

리스테린의 알싸함처럼 매운맛 역시 그 반응이 극과 극으로 나뉜다. 매운맛에 익숙하지 않은 외국인들은 대개 매콤한 음식을 꺼린다. 한국인에게도 꽤나 매운 불닭볶음면이라면 더욱 그럴 것이다. 하지만 수많은 해외 유튜버가 '불닭볶음면 챌린지(Fire Noodle Challenge)'에 뛰어들면서 해당 제품은 단숨에 커다란 인기를 얻었다. 엄두도 못 낼 만큼 자극적인 매운맛이 도전 의식을 자극하는 맛으로 바뀐 것이다. 유튜브에서는 다양한 외국인의 챌린지 영상이 업로드되었고, 그중 수백만 조회 수를 기록한 콘텐츠가 점점 많아졌다. 자연스레 불닭볶음면은 세계적인 제품이 되었다. 매운맛이 매력적인 맛으로 바뀐 덕분이다.

단점은 언제든지 장점으로 바뀔 수 있다. 최근 서울 을지로에 생긴 수많은 가게는 사람들이 찾기 힘든 구석진 곳에 위치한다. 보행자가 많은 길거리 대신 철물점이 즐비한 오래된 건물 안에 조그마한 가게들이 자리한다. 간판도 없이 장사하는 곳도 많고, 문을 열기 전까지는 여기가 카페인지 사무실인지 알 수조차 없는 곳도 여럿이다. 지도를 보며 헤매기도 하고, 엘리베이터가 없어 계단을 몇 층씩 올라가야 하지만, 사람들은 기꺼이 을지로를 찾아간다. SNS에서 발굴한 카페나 식당을 힘들게 방문하는 과정이 '나만 아는 가게'로 가는 특별한 여정처럼 느껴지기 때문이다. 지리적 불편함은 이제 을지로 인근의 가게들을 힙하게 만드는 매력이 되었다.

Insight Summary ○ **단점을 장점으로 바꿔보자**

리스테린: 미칠 듯한 알싸함 → 세균을 확실히 제거하는 유익한 고통

불닭볶음면: 외국인은 엄두도 못 낼 매운맛 → 도전하고 싶은 매력적인 맛
을지로의 구석진 가게: 찾기 힘든 지리적 불편함 → '나만 아는 가게'라는 만족감

카피라이터로 일하다 보면 담당하는 광고 품목이 시시각각 바뀐다. 어제까지는 스마트폰 관련 카피를 쓰다가도 오늘은 언제 그랬냐는 듯 구강 청결제의 키 메시지를 고민한다. 당연히 카피라이터가 모든 영역에 비범한 전문가가 될 수는 없다. 하지만 짧은 시간 동안 광고하는 대상을 열렬히 사랑할 수는 있다. 좋은 사랑은 상대의 장점뿐만 아니라 단점까지 포용한다. 제품에 대한 애정이 커지면 보이지 않던 장점도 눈에 들어온다. 남들이 별로라고 하는 부분까지도 새롭게 보인다. 그 마음을 담아 제품을 끈질기게 관찰하면 색다른 카피를 쓸 수 있다. 전문적인 지식도 중요하지만, 홍보하는 대상을 향한 전문적인 사랑도 중요하다.

"술 마시는 이유요? 그다음 날 후회하는 맛인 것 같아요."

서울에 사는 사람들의 이야기를 전하는 인터뷰 콘텐츠

〈휴먼스 오브 서울(Humans of Seoul)〉에서 본 누군가의 말이다. 애주가들이라면 알 것이다. 지독한 숙취와 함께 아침을 맞이하면 '내가 어제 왜 그렇게 술을 퍼마셨을까' 속으로 후회하는 순간이 찾아온다는 것을. 그리고 내가 또 술을 마시면 미친 사람이라고 자책하다가, 그날 저녁엔 또다시 술에 미친 사람이 되기도 한다는 것을. 무언가를 깊이 좋아한다는 건, 이따금 찾아오는 아픔까지 기꺼이 받아들이는 일이다. 우리가 책상에 앉아 글을 쓰고 새로운 생각을 찾는 이유도 마찬가지다. 고뇌의 맛, 고통의 맛, 힘듦의 맛. 그건 정말이지 모두가 싫어하는 맛이지만, 지난한 과정 끝에 무언가를 해내는 희열은 여느 때보다 짜릿한 맛을 선사한다. "싫은데 좋아요"라는 말을 입속에 가글하듯 머금은 채 나는 오늘도 자리에 앉아 카피를 쓴다.

남들이 별로라고 생각하는 부분까지
꼼꼼하게 살펴보면 미처 알지 못했던
장점을 끄집어낼 수 있다.
전문적인 지식도 중요하지만,
대상을 향한 전문적인 사랑도 중요하다.

새로운 쓸모를 찾기만 해도,
쓸 만한 아이디어가 탄생한다

나에겐 24시간 필요할 때마다 나타나는 요리 선생님이
있다. 뭐 먹을 거 없나 냉장고를 뒤적거리다 보면 귓가에 그의
목소리가 울린다. "볶음밥 좋아하잖아 승용 씨!" "여기 달걀 좀
넣고 볶으면 되겠네!" 그는 내 옆으로 다가와 탁탁 달걀을 풀고
지글지글 찬밥을 볶으라고 말한다. 그의 목소리가 들려오는 곳
은 나의 스마트폰이다. 간단하고도 맛있게 한 끼를 만들어 먹고
싶을 때면 백종원 선생님의 유튜브 채널을 들어간다. '불 맛 가
득한 달걀볶음밥! 맛없으면 이상한 거죠~' 영상 제목에서부터
선생님의 구수한 말투가 들려온다.

"여러분, 볶음밥 밥 풀어헤칠 땐 국자가 최고예유. 그런

데 잘못하면 국자 다 부러뜨려유. 그러면 엄마한테 뒤지게 혼나유?"

꼭 목 부분이 튼튼한 국자를 선택해야 한다고, 안 그러면 국자가 망가진다고 신신당부하는 그의 모습에 나도 모르게 피식 웃음이 났다. 속는 셈 치고 국자로 찬밥을 꾹꾹 눌러봤더니 이게 웬일? 국자의 머리는 숟가락을 몇 배 더 키운 사이즈여서 밥을 누르는 면적이 훨씬 넓었다. 게다가 일반적인 숟가락과는 달리 손잡이가 수직으로 뻗어있다 보니 밥알을 아래로 누르기에 보다 효율적인 구조를 지니고 있었다. 아, 선생님은 다 계획이 있으셨군요. 앞으로 볶음밥에는 무조건 국자다! 정신을 차리고 보니 나는 쇼핑몰에서 목이 튼튼한 국자를 검색하고 있었다. 이러라고 만든 국자는 아니었겠지만….

백종원 선생님의 국자 예찬이 놀라웠던 건 그가 평범한 도구의 새로운 쓸모를 제시했기 때문이다. 국자는 본래 국이나 액체 따위를 뜨는 데 쓰는 도구를 뜻하지만 그는 여기서 '볶음밥용 대형 숟가락'이라는 새로운 개념을 발견해 낸다. 미처 몰랐던 국자의 가능성을 수면 위로 끌어올린 것이다. 백종원 선생님이 국자를 소개하는 문구를 직접 썼다면 '볶음밥 요리 시에도 유용한 튼튼한 국자'라는 내용을 반드시 추가했을 것만 같다.

제품의 또 다른 쓰임새를 선보이는 것. 숨겨진 잠재력을 깨우는 것. 그렇게 예상치 못한 유용함을 매력적으로 전달하는 일은 백종원 선생님뿐만 아니라 마케터와 카피라이터 등 기획이나 홍보 분야에 있는 이라면 누구나 고민하는 문제다. 그리고 새로운 쓸모를 찾는 과정은 쓸모 있는 아이디어로 이어지기 마련이다.

청바지 중 오른쪽 주머니에 또 하나의 작은 주머니가 붙어있는 것이 있다. 가끔 동전과 같이 작은 물건을 넣어본 적은 있어도, 이것의 정확한 명칭과 용도를 아는 사람은 많지 않을 것이다. 이 아담한 주머니의 공식적인 이름은 '워치 포켓(watch pocket)'이다. 1800년대 후반, 데님 브랜드 리바이스가 세상에 처음 선보인 청바지는 광산 노동자들이 애용하는 튼튼한 옷이었다. 워치 포켓은 당시 노동자들이 사용했던 값비싼 회중시계를 안전하게 보관하도록 고안된 것이었다. 하지만 청바지가 작업복을 넘어 패션 아이템으로 자리 잡으면서 워치 포켓은 기존 용도와는 달리 조그만 물건 등을 넣는 곳으로 바뀌었다.

1990년대 초반, 영화감독 미셸 공드리가 연출한 리바이스의 텔레비전 광고에선 이 워치 포켓의 발칙하고도 엉뚱한 쓸모가 두드러진다. 광고는 이 주머니를 '콘돔을 넣는 포켓'으로 과감하게 재해석한다. 영상의 마지막에 나타나는 엔딩 카피는 이렇다.

1873년에 태어난 워치 포켓. 탄생한 이래로 쭉 잘못 쓰였음.
(Watch pocket created in 1873. Abused ever since.)

워치 포켓의 잘못된 용도가 새삼 쿨하게 느껴진다. 주머니의 쓰임새를 슬쩍 바꿨을 뿐인데, 어느새 리바이스의 데님 팬츠는 수많은 이들의 사랑을 응원하는 패션 아이템처럼 느껴진다. 주머니의 또 다른 쓸모를 의외의 지점에서 찾은 덕분이다.

애플의 CEO였던 스티브 잡스 역시 워치 포켓에 주목한적이 있다. 2005년, 신제품을 선보이는 발표회에서 그는 질문을 던졌다. "이 작은 주머니는 대체 어디에 쓰는 걸까요?" 그러고는 워치 포켓 속에 완벽하게 숨겨져 있던 MP3 플레이어 '아이팟 나노'를 꺼냈다. 사람들은 그의 발표에 열광했다. 워치 포켓의 용도를 '아이팟 나노가 쏙 들어가는 포켓'으로 바꾸자, 작고 슬림한 MP3 플레이어를 만들어낸 애플의 혁신이 임팩트 있게 드러났기 때문이다. 그날의 발표에서 작은 워치 포켓은 신제품의 커다란 매력을 담는 거대한 존재감을 지닌 주머니가 되었다.

"이 주머니에 회중시계 말고 또 뭘 넣을 수 있을까?"라고 스스로에게 물어보는 순간, 아이디어 포켓에선 여러 가지 것들이 튀어나온다. USB를 넣기에 안성맞춤인 워치 포켓이라고 이야기한다면 프로그램 개발에 매진하는 젊은 스타트업 개발자를 응원하는 청바지가 될 것이다. 기타 피크를 담은 워치 포켓은 자유분방한 뮤지션들의 예술적인 라이프를 보여줄 것만 같다. 주머니의 또 다른 용도를 발견하기만 해도 평범한 청바지에 새로운 스토리가 더해진다.

그렇다면 테이블은 어떨까? 다양한 물건을 올려놓거나, 사람들과 앉아 대화를 나누거나, 식사를 하거나, 집 안 분위기를 바꾸는 것 정도가 일반적으로 생각하는 쓰임새다. 하지만 이케아 프랑스에서 집행한 광고는 테이블의 쓸모를 색다른 곳에서 찾는다.

중요한 결정의 79%는 테이블에서 이루어집니다.

광고는 테이블에서 친구들과 대화를 나누다가 즉흥적으로 내린 결정 때문에 얼떨결에 누드 캠프에 참여하게 된 여자 주인공의 하루를 보여준다. 발가벗은 사람들 사이에서 당황스러워하는 주인공의 모습이 시종일관 유쾌하게 펼쳐진다. 영상은 잘못된 결정으로 고생하고 싶지 않다면 이케아에서 좋은 테이블을 사라는 메시지를 전한다. 테이블의 쓸모를 '좋은 결정을 위한 도구'로 뒤바꾼 것이다. 아무 테이블이나 사면 큰일난다는 이야기를 이렇게도 전할 수 있다니. 어이없지만 경각심이 절로 든다. 제품의 당연한 쓸모를 강조하는 건 평범한 일이지만, 엉뚱한 쓸모를 내세우는 건 특별한 일이 될 수 있다.

프랑스의 문학평론가이자 이론가인 롤랑 바르트는 《저자의 죽음》에서 원작자의 의도를 중심으로 문학작품을 해석하는 기존 관행을 거부한다. 오히려 텍스트는 수많은 독자에 의해 다양하게 해석되어야 한다고 주장한다. 마찬가지로 특정 제품을 사람들에게 소개하고 싶다면 '정해진 쓸모의 죽음'을 고민할 필요가 있다. 제품의 사용성은 쓰는 사람에 따라 여러 가지로 달라질 수 있다.

'갈아만든 배'는 평범한 음료였지만, 언젠가부터 외국인

애주가들 사이에서 숙취 해소에 좋다는 소문이 돌며 큰 주목을 받았다. 사람들은 자연스레 이 음료를 숙취 해소제로 소비하기 시작했고, 이에 질세라 제조업체는 숙취 해소 특허를 획득한 후 '갈아만든 배 by 숙취 비책'이라는 신제품을 출시했다. 소비자가 제안한 제2의 쓸모가 제품을 다른 방향으로 변화시킨 것이다.

조립식 가구로 유명한 이케아는 자사 제품의 해킹을 장려한다. 여기서 해킹은 기존 가구를 완전히 다른 용도로 조립하는 것을 의미한다. 어떤 이들은 평범한 스툴을 활용해 캣타워를 만든다. 책꽂이 네 개를 하나로 합쳐 작은 커피 테이블을 제작하기도 한다. 기존 가구의 또 다른 가능성이 소비자의 손에서 태어나는 셈이다. 이런 해킹은 이케아 제품의 숨겨진 매력을 찾아내는 과정과도 같다. 브랜드가 '이케아 해킹'을 반기는 이유다.

Insight Summary ○ 제품의 새로운 쓸모를 찾아보자

청바지의 워치 포켓: 광산 노동자들이 회중시계를 보관하던 곳 → 아이팟 나노를 넣는 곳

테이블: 식사를 위한 가구 → 좋은 결정을 위한 도구

갈아만든 배: 일반 음료 → 숙취 해소제

'이 제품을 또 어디에 써먹을 수 있을까?'라는 질문은 아

이디어의 물꼬를 트는 중요한 시작점이다. 그런 의미에서 이 책에는 또 어떤 쓸모가 더해질지 궁금하다. 책 베개로든, 라면 받침으로든, 혹은 책장을 채우는 장식용으로든, 다양한 방식으로 활용될 수 있으면 좋겠다. 어쨌든 나는 열심히 글을 쓸 뿐이다. 이 책을 해석하는 건 멋진 여러분의 일이니까.

새로운 쓸모를 찾는 과정은
쓸모 있는 아이디어로 이어진다.
당연한 쓸모를 강조하는 건
평범한 일이지만,
엉뚱한 쓸모를 내세우는 건
종종 특별한 일이 될 수 있다.

아이디어 맛집의 비법은
MSG입니다

"니 같은 아들 새끼 백 트럭을 갖다줘도 싹 다 버려버릴 끼다!"

어린 시절 내가 사고를 칠 때마다, 속을 썩일 때마다, 어머니는 입버릇처럼 이런 말을 하곤 했다. 나를 똑 닮은 사람이 포터 트럭 짐칸에 앉는다면 열 명 정도가 탑승할 수 있을 것이고, 그 트럭이 백 대가 된다면 천 명의 이승용이 집 앞으로 찾아올 것이다. 이 모든 인원을 단번에 쓰레기장으로 보내버릴 것이라는 어마무시한 이야기를 아무렇지 않게 하시다니요! "아니, 내가 그래도 엄마 아들인데 그렇게나 싫나?" 사뭇 억울한 표정으로 항변하면 어머니는 현관문을 열고 집 밖으로 나가길 권유

했다. 독립한 후로 이런 얘기를 들은 적은 없지만 어머니의 이 멘트는 여전히 내 머릿속에 강렬하게 각인되어 있다. 짧은 한마디에 숨은 엄청난 과장이 내 심장을 쪼그라뜨렸기 때문이다.

과장법은 표현의 효과를 극대화한다. '속 썩이는 아들 녀석'을 '쓸모없는 아들 백 트럭'으로 과도하게 묘사하는 순간 어머니의 분노는 여느 때보다 커다랗게 다가오고 나의 잘못은 한층 거대해진다.

이토록 무시무시한 힘을 지닌 과장법은 우리 어머니뿐만 아니라 수많은 이들이 일상적으로 쓰는 수사 중 하나다. '입이 귀에 걸렸다'는 표현만 보아도 그렇다. 실제로 입이 귀에 걸리면 조커가 되어버릴 게 분명하다! '눈이 빠지도록 기다린다'는 문장은 또 어떤가. 이 말이 현실에서 벌어진다면 누군가를 기다리는 동안 잔혹한 현장이 눈앞에 펼쳐질 테지만 우리는 이것을 눈이 빠질 만큼 간절하다는 의미로 받아들인다.

과장법에는 크게 두 가지 길이 있다. 표현하고자 하는 대상을 과도하게 부풀리는 것, 아니면 최소한으로 축소하는 것이다. 2007년 국제 운송 기업 DHL은 첫 번째 방법을 활용해 재미난 광고를 선보였다. 한 여자가 집을 찾아온 DHL 택배 기사에게 난데없이 키스를 퍼붓는다. 그리고 택배 기사는 다른 남자를 찾아가 폭풍 키스를 한다. 뒤이어 카피가 등장한다. '우리는 배달한다. 무엇이든(We deliver. Whatever).' DHL이 전하는 물건의 범위를 키스까지 넓힌 셈이다. 이 세상에 있는 무엇이든 배송하겠다는 DHL의 과도한(?) 서비스 정신이 유쾌하게 드러난다.

실제로 택배는 물건뿐만 아니라 그 이상의 무언가를 함께 전한다. 한번은 며칠째 집에만 있던 친구에게서 메시지가 왔다. '택배가 다 젖어서 왔는데 덕분에 바깥 날씨도 알게 되네ㅋㅋㅋ' 비가 오고 있다는 기후 정보가 택배 박스와 함께 배송된 것만 같았다. 함박눈이 펑펑 내리고 있었다면 친구의 택배 상자 위에는 흰 눈이 소복이 쌓였을 것이다. 나는 '날씨까지 배송하는 택배!'라고 답장했다. '오 근데 이거 좀 카피 같은데?' 그날 친구가 나의 답장을 카피라고 생각했던 건, 내가 택배의 기능을 '물건 배송'에서 '기후 정보 배송'으로 확장했기 때문이다. 서비스의 범위를 확장하기만 해도 우리가 쓰는 문장은 카피에 가까워진다.

나아가 택배는 날씨를 넘어 사랑까지 배송한다. 우체국

택배 상자에는 '마음까지 전하는 우체국 택배'라는 카피가 적혀 있다. 이 짧은 문장은 택배를 주고받는 뭉클한 순간을 떠올리게 한다. 해외에서 유학 중인 친구에게 한국 식료품을 가득 담아 택배를 부친다면, 건강하게 잘 챙겨 먹으라는 따뜻한 위로가 함께 전해질 것이다. 부모님이 손수 만든 반찬이 택배로 도착한다면, 박스를 열자마자 가족의 얼굴이 선명하게 그려질 것이다. 딱딱한 택배 서비스에 '마음 배송'이라는 정서적 기능이 더해지자 훈훈한 감동이 찾아온다.

그렇다면 제품의 기능이나 효과를 확장하는 대신 극단적으로 축소하거나 사라지게 하면 어떨까? 일본의 세키시는 칼의 생산지로 유명한 마을이다. 그런데 해당 지역을 홍보하는 광고 영상에선 이상한 일들이 벌어진다. 누군가는 주방에서 딱딱한 당근을 손날로 격파하고, 미용사는 손님의 머리카락을 입으로 물어뜯는다. 심지어 결혼식을 치르는 커플은 웨딩 케이크를 주먹으로 처참하게 부순다. 엥? 가위나 칼은 어디에 버리셨는지? 다들 왜 그러세요? 머릿속에 물음표가 한가득 채워질 때쯤 광고는 이런 메시지를 전한다. '칼날이 없는 삶을 상상해 보세요(Imagine the Life Without Blades).' 칼과 가위가 사라진 일상은 어이없을 만큼 우스꽝스럽고, 이 정도라면 좋은 칼날이 꼭 필요하겠다는 생각이 든다. 광고는 유쾌한 과장법으로 칼을 잘 만드는 마을의 중요성을 강조한다.

무언가의 매력을 보여주고 싶다면, 때로는 반대로 생각해 보는 게 도움이 된다. 특정 제품의 기능이나 효과가 극도로 나빠진다면 얼마나 황당한 불상사가 생길지 상상해 보는 식이다. 영화 등 여러 주제에 대해 이야기를 나누는 '넷플연가' 모임의 장을 맡았을 때였다. 그날의 주제는 '과장법으로 초콜릿 광고 만들기'였다. 여러 아이디어가 오가던 중에 한 분이 흥미로운 스토리를 제안했다. "너무 맛없는 초콜릿을 먹고 전 세계 사람들이 입맛을 잃어버려서 결국 인류가 멸망하는 거예요!" 맛없는 초콜릿이 상상 이상으로 위험하다는 걸 센스 있게 전하는 시놉시스였다. 여기에 '맛있는 초콜릿은 당신의 생각보다 중요합니다. ○○ 초콜릿'과 같은 카피가 더해진다면 재치 넘치는 광고를 만들 수도 있을 것이다.

Insight Summary ○ **대상의 효과와 기능을 과장하자**

물건만 배송하는 택배? → 키스까지 배송하는 택배,
마음까지 배송하는 택배

세상에 칼날이 없다면? → 칼이 없어 주먹으로 케이크

를 부수는 커플

초콜릿이 너무 맛없다면? → 입맛을 잃어버려 멸망한
인류

　　통통 튀는 과장법은 신선한 위트를 선사할 뿐만 아니라
제품이나 서비스의 매력까지 한껏 키운다. 이때 과장은 심할수
록 좋다. "이게 말이 된다고?"라는 반응이 나온다면 더더욱 좋
다. 과장법의 세계에선 말도 안 되는 생각을 두 팔 벌려 환영한
다. 키스까지 배송하는 택배나 칼날이 없어서 머리를 입으로 물
어뜯는 미용사처럼, 이상하고도 엉뚱한 상상은 과장법의 훌륭
한 재료다.

　　다만, 과장법에도 지켜야 할 선은 있다. 흥미와 자극을
추구하는 건 좋지만, 그것이 지나쳐 거짓말로 이어져서는 안 된
다. 스킨케어 제품을 바르는 순간 피부의 잡티가 흔적도 없이
사라진다거나, 다이어트 알약을 섭취하면 마음껏 음식을 먹어
도 체중이 감소한다고 말하는 것은 명백한 과대광고다. 제품의
효과에 대해 유쾌한 농담을 하는 것과, 검증되지 않은 효능을
진짜처럼 말하는 것에는 큰 차이가 있다. 과장법은 누군가를 속
이는 거짓이 아니다. 허구적인 상상력으로 즐겁고도 재미난 세

계를 선보이는 것이다.

아이디어는 종종 머릿속을 들끓게 한다. 부글부글 끓어오르는 생각을 한데 모아 맛있게 요리하고 싶다면, 여기에 과장법 한 스푼을 더해보는 건 어떨까. 과장법은 제품과 서비스의 매력을 증폭하는 훌륭한 MSG다. Make Something Giant! 상상력이 거대해질수록 아이디어의 감칠맛은 더욱 깊어진다. 그리고 아이디어 맛집의 비법 레시피에는 이런 MSG가 빠지지 않는 법이다.

Make Something Giant!
상상력이 거대해질수록
아이디어의 감칠맛은 더욱 깊어진다.
과장법의 세계에선 말도 안 되는 생각을
두 팔 벌려 환영한다.

시공간의 뒤틀림은
틀림없이 아이디어로 이어진다

위치 에너지는 물체가 존재하는 지점에서 잠재적으로 지니는 힘의 크기를 일컫는 물리학 용어다. 물체가 높은 곳에 있을수록, 지구의 중력으로부터 멀어질수록 위치 에너지는 더욱 증가한다. 우리가 높은 곳에서 바닥으로 자유 낙하를 하는 스마트폰을 볼 때마다 비명을 지르는 이유가 여기에 있다. 경우에 따라서 위치 에너지는 스마트폰의 액정을 부수고 주인의 마음에 금이 가게 하는 무시무시한 파괴력을 발휘한다.

아이디어의 세계에도 위치 에너지가 있다. 고정관념이라는 이름의 중력이 우리를 늘 끌어당기고 있지만 이 힘을 거스르지 않는 한 큰 영향력은 생기지 않는다. 이때 아이디어의 위치 에너지는 미미한 수준이다. 하지만 일반적인 통념에서 벗어나 엉뚱한 곳으로 생각의 위치를 옮기면 그 잠재력은 비약적으로 상승한다. 꽁꽁 얼어붙은 사람들의 마음에 균열을 일으키는 강력한 임팩트가 생긴다.

아이디어의 위치 에너지를 키우는 쉬운 방법 중 하나는 다루는 대상의 위치를 슬쩍 다른 곳으로 옮겨보는 것이다. 똑같은 사물이라도 장소가 바뀌면 그에 대한 해석도 달라진다. 세상을 바라보는 우리의 눈은 종합적이다. 공간적 배경이 변화하면 대상을 바라보는 맥락은 판이하게 달라진다. 지금 우리 집 앞에 커다란 물웅덩이가 있다고 해보자. 여기서 물웅덩이는 나의 출근길을 방해하는 장애물일 뿐이다. 자칫 발이 빠지기라도 하면 아침부터 기분이 축축해질 것이다. 하지만 똑같은 물웅덩이가 사막 한가운데 있다면 어떨까? 목마른 이들을 구원해 줄 기적의 오아시스가 될지도 모른다. 그리고 이 물웅덩이가 화성의 지표면에서 찰랑이고 있다면? 액체 상태의 물이 화성에 존재한다는 사실에 NASA 과학자들은 목이 아프도록 환호성을 지를 것이다.

그럼 변기를 다른 곳으로 가져간다면 어떤 일이 벌어질

까? 마르셀 뒤샹의 작품 〈샘〉은 남성용 소변기를 그대로 갤러리에 옮겨놓은 것이었다. 그는 지극히 평범한 소변기를 구한 후에 'R.Mutt 1917'이라는 서명을 추가했다. 그게 다였다. 당시 예술계는 이게 어떻게 작품이 될 수 있냐며 거세게 반발했다. 하지만 〈샘〉은 궁극적으로 예술에 대한 우리의 시선을 뒤바꾸었다. 소변기를 갤러리에 전시하면 관객들은 그것을 다른 방식으로 바라본다. 더럽다고만 생각했던 소변기가 사실은 아름다운 곡선을 지닌 조형물이었다고 느낄지도 모른다. 사물에 대한 고정관념에서 벗어나 의외의 가치를 찾게 되는 것이다. 뒤샹은 평범한 사물을 색다르게 해석하도록 유도하는 것 역시 예술의 역할이라고 생각했다. 그리고 그의 작품은 이미 완성된 기성품마저 예술이 될 수 있는 새로운 시대를 열었다. 이게 다 소변기를 미술관으로 가져갔기 때문이다.

현대 물리학의 아버지라 불리는 아인슈타인은 상대성 이론을 통해 시간과 공간이 동떨어진 개념이 아님을 입증한다. 그는 시공간이라는 종합적인 관점으로 세상을 바라보아야 한다고 말한다. 아이디어의 위치 에너지 역시 시공간과 밀접한 연관이 있다. 넷플릭스 오리지널 시리즈 〈킹덤〉은 좀비가 출몰한 조선 시대를 다룬다. 피투성이 분장으로 사람들을 위협하던 서양 좀비 입장에선 꽤나 당황스러울지도 모른다. "엥? 제가 왜 한국에 왔죠? 그것도 이렇게나 과거에?" 드라마는 좀비가 출몰하는 시공간을 뒤틀어 완전히 새로운 액션을 선보인다. 사극 복장을 한 좀비가 한국의 산과 들을 달리고, 갓을 쓰고 도포를 입은 사람들이 검을 휘두르며 이들을 물리친다. 현대 서구 사회에 살고 있던 좀비를 납치해 타임머신에 태웠더니 지금껏 본 적 없던 조선 좀비 세계관이 탄생한 것이다. 드라마는 큰 흥행을 기록하며 'K-좀비'의 매력을 전 세계에 선보였다.

제품의 좌표가 바뀌면 또 다른 가능성이 생겨난다. 그 시작은 끊임없는 곁눈질이다. 눈앞의 대상에만 지나치게 집중하기보다는 주변 공간으로 시선을 확장할 필요가 있다. 알라딘 중고 서점에서는 품절 절판 도서를 이렇게 소개한다. '이 광활한 우주에 이미 사라진 책을 읽는다는 것.' 이 짧은 카피는 세상에 몇 남지 않은 책의 배경 공간을 중고 서점의 서가가 아닌 우주 한복판으로 넓힌다. '한국에서 더이상 나오지 않는 책'이 '전 우주에서 존재하지 않는 책'으로 바뀌는 순간 우리는 대한민국이 아닌 드넓은 우주에 살고 있다는 사실을 새삼 깨닫는다. 무한한 우주에서 얼마 남지 않은 책을 읽을 수 있다니. 품절 절판 도서에서 우주적인 낭만이 느껴진다.

현대자동차의 '현대 모터스튜디오 서울' 건물 벽면에는 커다란 차가 통째로 박혀있다. 도산공원 사거리를 지날 때마다 나도 모르게 시선이 가고 '자동차가 왜 저기에 있지?' 하는 호기심이 생긴다. 차량이 존재하는 공간이 '도로'에서 '건물'로 바뀌었기 때문이다. 모터스튜디오 벽면의 자동차들은 〈카 로테이터(Car Rotator)〉라는 전시물이다. 자동차를 공중에 매달아 놓고 다양한 각도로 선보이며 평소와는 다른 시선으로 차를 바라보게 한다. 위치만 달라져도 제품은 작품이 될 수 있다.

위치 에너지는 아이디어를 고민하는 모든 이들을 아우르는 법칙이다. 일상이라는 중력에서 벗어나 낯선 곳을 탐닉할수록 자극의 수치는 올라가고 생각의 잠재력은 증가한다. 익숙한 삶의 공간을 바꾸면 세상을 바라보는 각도도 달라진다. 처음 맛보는 음식에 수저를 얹고, 모르는 사람에게 말을 걸며, 본 적 없던 풍경을 마주할 때마다 우리의 세계는 차츰 넓어진다. 여행은 일상으로부터 벗어나는 과정이자 나조차 몰랐던 나를 마주하는 근사한 방법이다. 멀리 떠난 만큼 우리는 새롭게 돌아올 수 있다.

넷플릭스 〈킹덤〉: 현대 서구 사회의 좀비 → 조선 시대
의 좀비

알라딘 중고 서점: 품절 절판 도서 → 이 광활한 우주에
서 이미 사라진 도서

현대 모터스튜디오 서울: 도로 위를 달리는 자동차 →
건물 벽면에 전시된 자동차

그리고 경험의 좌표를 바꾸는 여행은, 비행기나 차를 타
지 않아도 충분히 떠날 수 있다. 나에게는 카피를 쓰기 전에 하
는 루틴이 있다. 광고 콘셉트에 어울릴 법한 노래를 들으며 특
정 공간의 이미지를 상상해 보는 것이다. 부에나 비스타 소셜
클럽의 노래는 나를 쿠바의 댄스홀로 데려간다. 머릿속에서 흥
겨운 살사춤을 추다 보면 생각의 리듬까지 흥겹게 바뀐다. 영화
〈인터스텔라〉의 OST와 함께 나는 광활한 우주에서 점처럼 작
은 지구를 바라본다. 그러다 보면 어느새 우주적인 관점에서 제
품의 이모저모를 관찰한다. 유튜브에서 추격 액션 신 음악 플레
이리스트를 재생하면 질주하는 자동차 안에서 키보드를 치게
된다. 카피에 속도감이 절로 더해진다.

배경음악을 바꾸기만 해도 삶의 배경 공간이 변화한다. 그리고 자신의 현재 위치가 달라지면 생각의 풍경도 달라지기 마련이다. 아이디어는 시공간을 초월해 어딘가로 끊임없이 움직이는 사람의 것이다. 손에 쥔 제품을 어디에 올려둘지는 이제 당신의 몫이다.

일상이라는 중력에서 벗어나
낯선 곳을 탐닉할수록
자극의 수치는 올라가고
생각의 잠재력은 증가한다.
멀리 떠난 만큼 우리는
새롭게 돌아올 수 있다.

불쾌한 조롱보다
유쾌한 메롱을!

"피자헛에서 도미노 피자 시키면 올까?"

중학생 시절, 학원 수업이 지루할 때면 나는 친구들에게 농담을 던졌다. 당황스러워하는 피자헛 점원과 도미노 피자 배달원의 표정이 얼핏 스쳐 갔지만 그건 장난스러운 상상일 뿐이었다. "말이 되냐? 쓸데없는 소리 말고 수업이나 듣자." 얘기는 대개 시답잖게 끝이 났다. 그런데 20년 뒤에 이런 일이 실제로 일어났습니다…?

"버거킹의 와퍼를 맥도날드에서 주문해 보세요!"

2019년에 등장한 '와퍼 디투어(The Whopper Detour)' 캠페인은 맥도날드 매장 반경 200미터에서 버거킹 앱을 열면 와퍼를 1센트에 주문할 수 있는 쿠폰을 주는 프로모션이었다. 단 돈 10원에 와퍼를 먹을 수 있다고? 그것도 맥도날드 매장 앞에서? 사람들은 맥도날드로 달려가 앞다퉈 와퍼를 주문했다. 심지어 버거킹은 맥도날드 매장이 훤히 보이는 건너편 거리에 와퍼 디투어 홍보 옥외물을 설치했다. 소비자들은 이곳에서 신나게 인증 사진을 찍으며 자발적으로 캠페인 홍보를 도왔다.

해당 프로모션을 론칭한 후 버거킹 앱은 안드로이드와 iOS에서 48시간 만에 1위로 등극했으며 9일 만에 다운로드 건수 150만 회를 기록했다. 미국 전역의 수많은 맥도날드 매장을 순식간에 버거킹으로 뒤바꾼, 황당하고도 매력적인 전략이었다.

알리려는 제품의 인지도나 점유율이 아쉬울 때 비교 광고는 그 힘을 톡톡히 발휘한다. 맥도날드와 같은 업계 최고 브랜드의 명성에 슬쩍 몸을 기대어 "여기 나도 있어요!"라고 외칠 수 있기 때문이다. 1등에게 매력적인 도전장을 내민다면 특정 브랜드에 쏠려 있던 사람들의 관심을 다른 곳으로 돌릴 수 있다. 우리 브랜드의 존재감을 새롭게 알리는 기회가 생기는 것이다. 그리고 뛰어난 제품력으로 소비자를 설득하는 순간, 굳건하던 시장 점유율에 균열이 일어난다.

한국과 달리 미국에서는 이런 비교 광고가 아주 활발하다. 경쟁사의 브랜드명을 직접적으로 언급하는 데 법적으로 큰 문제가 없기 때문이다. 광고의 나라로 불리는 이곳에서는 1등과 2등 기업 간의 광고 전쟁이 늘 치열하게 벌어진다. 코카콜라와 펩시의 싸움은 유구한 전통을 자랑하고, 아이폰과 갤럭시의 신경전도 이제는 당연해진 분위기다. 그리고 맥도날드와 버거킹은 서로를 골탕 먹이는 크리에이티브한 광고를 연례 행사처럼 선보이고 있다. 무려 30년이 넘도록.

하지만 비교 광고에도 나름의 예의는 필요하다. 상대를 지나치게 깎아내리면 역효과를 가져올 수 있다. 와퍼 디투어 캠페인을 맥도날드 매장 안에서 진행했다면 어땠을까. 와퍼 할인 쿠폰을 다운받으려는 사람들이 물밀듯이 쏟아지면서 맥도날드 고객들은 매장 이용에 큰 불편을 겪었을 게 분명하다. 이는 경쟁사의 영업을 명백히 방해하는 행위다. 법적인 문제도 피하기 어려웠을 것이다. 하지만 '맥도날드 매장 반경 200미터에서 쿠폰을 발행한다'라는 설정은 이러한 위험을 효과적으로 방지

한다. 소비자들은 맥도날드에 피해를 주지 않으면서 와퍼 쿠폰을 즐겁게 다운로드하고, 맥도날드 직원들은 이 모습을 창밖으로 바라보며 어이없는 웃음을 짓는다. 와퍼 디투어 캠페인은 스마트폰의 현재 위치 인식 기술을 활용해 세련된 '놀림의 기술'을 선보인다. 불쾌한 조롱은 짜증과 분노를 유발하지만, 유쾌한 메롱은 색다른 재미를 선사한다.

비교 광고는 얼핏 상대에게 손해를 끼치는 것 같지만 사실은 그렇지 않다. 싸움의 판이 커질수록, 악의 없이 서로를 놀릴수록 업계를 향한 사람들의 관심은 더욱 커진다. 제일 재밌는 게 싸움 구경이라는 말이 있듯, 소비자는 브랜드 간의 경쟁을 흥미진진하게 지켜본다. 그리고 치열한 경쟁 속에서 피어나는 할인 행사와 기술 혁신에 아낌없이 환호를 보낸다.

시시콜콜 서로를 놀리면서 우정을 쌓아가는 친구처럼, 경쟁사와 사이좋게 다투면서 함께 성장하는 브랜드도 있다. 2016년, 벤츠는 BMW의 100주년을 축하하는 광고를 만든다.

지난 백 년간의 경쟁에 감사드립니다(Thank you for 100 years of competition).

이 메시지만 보면 진심으로 고마움을 전하는 것 같다. 하지만 그 뒤에 나오는 카피는 은근슬쩍 BMW를 도발한다.

그전 30년 동안은 좀 지루했지만요(The previous 30 years were actually a bit boring).

벤츠는 BMW보다 30년 먼저인 1886년에 설립되었다. 벤츠의 광고는 그들이 더 오랜 역사를 지닌 업계 선배라는 점을 재치 있게 강조한다. 벤츠의 뛰어남을 놓치지 않으면서도 BMW에 박수를 건네는 화법에선 재미뿐만 아니라 묘한 품격마저 느껴진다.

BMW도 가만히 참고만 있지는 않았다. 2019년 5월, 메르세데스 벤츠의 회장인 디터 제체가 퇴임하자 BMW는 그를 위한 헌정 광고를 제작한다. 광고는 디터 제체(를 닮은 배우)가 벤츠에서 보내는 마지막 날을 감성적으로 보여준다. 그는 직원들과 셀피를 찍고 사원증을 반납한다. 많은 이들에게 인사를 건네며 집으로 돌아온 그는 "마침내 자유로워지다(Free at last)"라는 카피와 함께 자신의 차고에서 새 차를 타고 길을 떠난다. 재밌는 건 그가 탄 차가 벤츠가 아닌 BMW i8 로드스터라는 것!

광고는 다음과 같은 메시지와 함께 마무리된다.

디터 제체에게, 수년간의 고무적인 경쟁에 감사를 표합니다(Thank you, Dieter Zetsche, for so many years of inspirng competition).

이후 벤츠는 SNS 공식 계정을 통해 "친절한 제안 고마워요! 하지만 우리는 디터 제체가 벤츠 EQ를 탈 것이라고 백 퍼센트 확신합니다"라는 센스 있는 답변을 내놓기도 했다. 자연스레 두 브랜드에 사람들의 관심이 집중되었고, 이는 각자의 자동차를 더욱 알리는 계기가 되었다. 경쟁사를 놀리면서도 존중과 존경을 놓치지 않는 전략으로 훈훈한 재미를 선사한 캠페인이었다.

적을 알고 나를 알면 백전백승이란 말은, 적을 모르면 스스로를 완벽히 파악할 수 없다는 의미이기도 하다. 라이벌을 집요하게 관찰하다 보면 우리 브랜드만의 특장점이 눈에 들어오기 마련이다. 그 지점을 자세히 들여다보면, 신나게 장난칠 궁리를 하다 보면, 기대하지 않았던 해결책이 성큼 나타난다. 가끔은 혀를 쭉 빼고 놀리고 싶은 대상을 찾아보자. 어떻게 라이벌을 골려줄지 상상해 보자. 혀를 내두르는 아이디어는, 그런 장난스러운 마음에서 태어난다.

적을 알고 나를 알면 백전백승이란 말은
적을 모르면 스스로를 알 수 없다는 의미다.
라이벌을 집요하게 관찰하면
우리만의 특장점이 눈에 들어온다.

'개'명하는 이유가
다 있다니까요?

    우리 집에는 아내 말고도 가족이 한 명 더 있다. 나이는 50대 중반 정도에 피부는 까무잡잡한 남성. 좋아하는 것은 먹고 자고 쉬는 것. 싫어하는 것은 혼자 집에 있는 것. 꽤나 다부진 몸매에 근육도 탄탄한데 무엇보다도 긴 다리와 슬림한 몸매로 많은 이들의 눈길을 끈다. 나이에 걸맞지 않게 쉴 새 없이 우리에게 애교를 부리거나 귀여운 표정을 짓기도 한다. 그는 강아지 나이로는 이제 여덟 살인, 아주 까맣고 조금 하얀 믹스견이다. 아내가 직접 지어준 그의 이름은 '똘멩이'다.

    녀석은 흔히 말하는 똥개다. 아내가 우연한 기회로 입양한 친구인데 묘하게 어디에서 본 것만 같은 친숙함이 느껴진다.

논밭을 홀로 유유히 돌아다니거나 할머니 할아버지 곁에서 길을 걷는 전형적인 시골 강아지의 모습이 있기 때문이다. 수의사에게 대체 어떤 종이 섞인 거냐고 물어본 적도 있지만 그는 이렇게 답변할 뿐이었다.

"진돗개는 분명히 섞였는데… 너무 많이 믹스가 되어서 저도 잘 모르겠습니다."

그렇다고 이 친구를 누군가 똥개라고 부르는 건 용납할 수 없다. 이 말의 어원이 똥을 먹는 강아지라는 뜻인 데다가 더러운 '똥'이라는 단어가 접두사로 붙어있으니 말이다. 똥개라는 단어를 떠올릴 때마다 나는 속상한 마음으로 두 발을 동동, 아니 똥똥 구르게 된다. 만약 똘멩이가 말을 할 수 있다면 자신을 똥개라고 부르는 이들에게 뭐라고 할까? 이건 전형적인 견종 차별이라고 울음소리 높여 크게 외치지 않을까?

고민 끝에 나는 우리 집 강아지를 '순종 믹스견'이라고 소개했다. 다양한 견종이 백 퍼센트 섞인 친구이니 틀린 말도 아닐뿐더러 똥개라는 표현보다 순화됐다고 생각했기 때문이다. 하지만 어딘가 부족하다는 느낌을 쉽게 지울 수 없었다. 우선

순종이라는 단어에서 완전히 벗어나지 못한 게 아쉬웠다. 혈통이 있다고 해서 더 훌륭한 강아지가 되는 것도 아닌데 믹스견 앞에 순종이란 단어를 꼭 붙일 필요가 있나 싶었다. '여러 종이 섞였다'는 의미의 '믹스(mix)'보다 고상한 표현을 찾고 싶기도 했다. 보더콜리, 비숑, 알래스칸 맬러뮤트처럼 듣기만 해도 멋진 견종명을 똘멩이에게 붙여주고 싶었다.

그러던 어느 날, 고급스러운 이름 하나가 들려왔다.

시고르자브종.

아, 발음만 들어도 프랑스 어딘가에서 태어난 강아지 느낌이 물씬 든다. 프랑스 남부의 드넓은 목초지에서 양들과 함께 초원을 누비는 럭셔리한 강아지의 모습이, 젖소들 옆에서 귀엽게 숨을 헐떡이며 주인에게 애교를 부리는 순간이, 파리지앵이 목줄을 쥐고 에펠탑 아래를 산책하는 풍경이 절로 떠오른다.

사실 시고르자브종은 '시골 잡종'이라는 기존 표현을 유러피언 느낌으로 장난스레 바꿔 발음한 것이다. 얼핏 프랑스어처럼 들리는 이 엉뚱한 견종명이 나는 마음에 든다. 발음에서 느껴지는 우아함과 실제 의미의 커다란 간극에서 오는 유쾌함이 있기 때문이다. 한국의 컨트리풍 강아지들을 순식간에 유럽 출신으로 만들다니. 고급스러운 초콜릿 포장지를 뜯었더니 수더분하면서도 귀여운 인절미가 뿅 나타나는 느낌이다.

잡종이라는 부정적 어감의 단어를 자브종이라고 에둘러 표현한 것도 매력적이다. '잡'이라는 접두사는 여러 가지가 질서 없이 뒤섞여 있거나 보잘것없다고 느껴지는 것에 주로 사용한다. 여러모로 강아지에게 사용하기에 적절한 접두사는 아닌 것이다. 삼원색의 혼합으로 다양한 컬러가 만들어지는 것처럼 강아지도 여러 종이 한데 모이고 섞이면서 제각기 다른 매력을 지닌 생명체로 거듭난다. 자브종이라는 단어에서는 "여러분, 잡종이란 말은 좋지 않으니까 조금 다르게 표현해 볼까요?"라는 의도가 느껴진다. 그래서 좋다.

그저 재미 삼아 만든 표현일지도 모르지만 나는 이 신조어가 믹스견을 바라보는 사람들의 시선을 조금씩 바꾸고 있다고 생각한다. 똥개라고 부르면 어쩐지 막 대해도 될 것 같은 인상을 주지만 시고르자브종은 그렇지 않다. 존중하고 예뻐하며 귀여워해야 할 것 같다. 최근 들어 일부 팬은 자신이 좋아하는 연예인을 시고르자브종 얼굴상이라고 표현하기도 한다. 여기에는 해당 연예인이 시골 강아지처럼 귀엽다는 의미가 듬뿍 담겨있다. 시골 잡종이나 똥개란 말밖에 없던 예전이라면 상상도할 수 없는 일이다. 시고르자브종이 견종 중에서 제일 좋다고말하는 사람들도 예전보다 많아졌고 토속적 귀여움을 뽐내는강아지들이 SNS 스타가 되기도 한다.

무언가에 이름을 붙여주는 일을 마케팅 용어로 '네이밍'이라고 부른다. 그리고 적절한 네이밍에는 힘이 있다. 요즘 나오는 스마트폰 디스플레이에는 대부분 '펀치홀'이라는 작은 구멍이 뚫려있다. 스크린을 최대한 가리지 않고 전면부 카메라를설치하기 위해 고안한 디스플레이 형태다. 펀치홀이 도드라질수록 소비자는 스크린을 볼 때 불편을 겪게 된다. 다양한 제조업체에서 펀치홀을 없애거나, 가리거나, 더 작게 만드는 데 집중하는 이유다. 하지만 애플에서 출시한 '아이폰 14 Pro' 시리즈는 이 펀치홀을 도리어 강조한다. 알약 형태의 펀치홀에선 알림이나 경고 메시지 등 다양한 정보가 역동적으로 나타난다. 애플은 여기에 '다이내믹 아일랜드(Dynamic Island)'라는 새로운 이름을 붙였다. 명칭을 바꾸자 세상에 없던 기술이 등장한 것만 같다. 다이내믹 아일랜드는 펀치홀과는 달리 디스플레이에 매력을 더하는 신기능처럼 느껴지기도 한다. 여러 매체에서 이와 같은 변화를 '애플만의 감성을 잘 담아낸 기술'이라고 긍정적으로 평가했다. 펀치홀이라는 이름을 그대로 사용했다면 이런 반응을 이끌어내기 어려웠을 것이다.

효과적인 네이밍은 익숙한 대상을 지금과는 다른 시선으로 바라보게 한다. 내복은 한때 입기 부끄러운 옷이었다. 나를 포함한 주변 친구들은 날씨가 아무리 추워도 내복만큼은 피했다. 올드하다고 생각했기 때문이다. 하지만 유니클로가 이것을 '히트텍'으로 바꿔 부르면서 내복은 더 이상 민망한 옷이 아니게 되었다. 날씨가 추워지면 다들 히트텍을 입어야겠다고 심심치 않게 말한다. 히트텍을 비롯한 다양한 발열 내의는 이제 겨울 필수품으로 자리 잡았다. 이름이 바뀌면 인식이 바뀐다. 생활까지 바뀐다.

2007년 동물보호법이 개정된 이후 '애완동물'이란 말 대신 '반려동물'이란 표현이 공식 용어로 채택됐다. 애완동물은 구경거리 정도의 귀여운 동물을 의미하지만 반려동물은 다르다. 인생을 함께 헤쳐나가는 소중한 사람을 반려자라고 부르는 것처럼, 반려동물은 가족의 일원으로서 삶의 많은 부분을 공유

하는 동물을 뜻한다. 반려동물이라는 말을 곱씹을수록 이들이 단지 사람에게 즐거움을 선사하는 도구나 수단이 아니라는 걸 잘 알 수 있다. 명칭이 바뀐다고 당장 세상이 바뀌지는 않겠지만, 유의미한 변화의 첫걸음이 될 수는 있다. 작고 연약한 강아지 발자국 같은 노력이 차곡차곡 쌓이는 만큼 강아지에게는 새로운 길이 열릴 것이다.

Insight Summary **효과적인 네이밍으로 인식을 바꾸자**

똥개 → 시고르자브종

펀치홀 → 다이내믹 아일랜드

내복 → 히트텍

애완동물 → 반려동물

오늘도 똘멩이는 씩씩하게 산책길을 걷고 우리 집 소파 위에 올라가 연신 꼬리를 살랑댄다. 내 얼굴을 사정없이 핥고 "인간이여, 나를 예뻐하라!"라고 말하듯 기다란 앞발로 내 어깨를 긁으며 애정을 갈구한다. 나는 공손히 두 손을 가져가 똘멩이의 얼굴을 사정없이 쓰다듬는다. 잡종이든, 순종이든, 무엇이든 모든 강아지는 귀엽다. 설명할 수 없어도, 이유를 알 수 없어도 좋은 건 그냥 좋은 것이다. 시고르자브종이란 말도 매력적이지만, 똘멩이란 이름 석 자가 나에겐 무엇보다도 소중하다. 이름이 있다는 것만으로도, 그 이름으로 누군가를 부를 수 있다는 것만으로도 사랑하기엔 이미 충분하니까.

선 넘는 사람 말고,
선 긋는 사람이 될 것

"인생은 이 영상을 보기 전과 후로 나뉜다."

유튜브를 구경하다 보면 이와 비슷한 제목을 종종 맞닥뜨린다. "여러분 놀지 마! 정신 차려! 잠 잘 시간에 더 열심히 일하라고!" 정신이 번쩍 들게 하는 동기부여 메시지가 담겨있거나, "이 짬뽕을 먹고 제 인생이 달라졌습니다"라고 인생 맛집을 소개하거나, "이 사이트를 알게 된 후로 제 쇼핑 인생이 바뀌었습니다"라고 간증하며 각종 꿀팁을 알려주는 콘텐츠가 대부분이다. 영상을 다 보고 나서 인생이 드라마틱하게 바뀐 경우는 아직까지 없지만 나는 이런 제목을 볼 때마다 홀린 듯 섬네일을 클릭한다. 영상 하나에 내 인생이 바뀐다는데 밑져야 본전 아닌가? 묘한 호기심이 발동한다.

이런 제목에 나도 모르게 끌리는 건, 여기에 '선 긋기 전략'이 숨어있기 때문이다. 앞서 언급한 문장은 특정 영상의 시청 여부를 기준으로 인생을 둘로 나눈다. 삶의 변화가 시작되는 출발선을 제시하는 것이다. 그 순간 선택은 명확해진다. 영상을 보고 나서 달라진 인생을 살거나, 그렇지 않거나. 그리고 삶이 긍정적으로 변화하길 꿈꾸는 나와 같은 이들은 주저 없이 영상을 보는 쪽을 선택할 것이다. 텅 빈 백지 정중앙에 세로로 선을 그으면 왼쪽과 오른쪽이라는 전에 없던 선택지가 생긴다. 이처럼 세상을 판단하는 우리의 시선은 기준선에 따라 시시각각 달라진다.

선 긋기 전략은 소비자의 인식을 바꾸는 효과적인 방법이다. 동시에 다양한 유튜브 제목에 심심찮게 쓰일 정도로 어렵지 않은 스킬이기도 하다. 특정 제품이나 서비스가 등장하기 전과 후로 기준선을 세우면 선 긋기 문장을 금세 쓸 수 있다. '100배 줌이 가능한 스마트폰'을 여기에 대입해 보면 어떨까.

스마트폰은 100배 줌이 있기 전과 후로 나뉜다.

이 짧은 한 문장은 스마트폰의 구매 기준을 단번에 바꾼다. 100배 줌이 없는 스마트폰은 시대에 뒤처진 유물이 되는 반면, 100배 줌을 보유한 스마트폰은 시대를 앞서가는 디바이스처럼 느껴진다. 어느새 카메라 줌 기능의 유무는 스마트폰 구매를 결정하는 1순위 조건이 된다.

선 긋기 전략의 효과는 생각보다 강력하다. 인식의 프레임을 뒤흔들기 때문이다. 이것은 세상을 바라보는 눈을 변화시키는 일이기도 하다. "2등은 아무도 기억하지 않는다"라는 광고 카피가 유행했을 때, 성공의 척도는 1등이 되는 것이었다. 최고가 아니라면, 정상에 서지 못한다면, 모두 실패한 것처럼 여겨지던 시절이었다. 당시 올림픽 뉴스 기사에선 '안타까운 은메달', '결국 동메달에 그쳐…'와 같은 표현이 주를 이뤘다. 금메달이 아니라면 모두 의미 없다는 인식이 느껴진다.

하지만 2020 도쿄 올림픽 때 사람들의 반응은 사뭇 달랐다. 올림픽 경기를 바라보는 기준은 '최고'가 아닌 '최선'으로 바뀌었다. 1등 프레임을 벗어나자 진정한 올림픽 정신이 드러났다. 메달의 색과 상관없이, 메달 획득에 집착하는 일 없이 우리는 굵은 땀방울을 흘리며 노력한 선수들에게 힘껏 박수를 쳤다.

뉴스가 주목하는 지점 역시 예전과는 달랐다. 여자 배구 국가 대표 팀 주장 김연경 선수가 "해보자, 해보자, 후회하지 말고"를 외치며 뜨거운 도전 정신을 보여준 순간이나, 육상 국가 대표 우상혁 선수가 해맑게 웃으며 트랙에서 춤을 추는 모습을 중점적으로 다뤘다. 과정이 더 소중하다는 걸, 메달보다 더 큰 감동이 있다는 걸, 승패를 떠나 모든 도전은 아름답다는 걸 다들 알게 된 덕분이었다.

선 긋기 전략은 제품을 구매하는 소비자의 기준을 새롭게 설정한다. 가그린 광고를 만들 당시 구강 청결제 카테고리에서 중요한 것은 입속 세균 및 입냄새 제거 효과였다. 제품의 시장 점유율을 높이려면 사람들의 소비 패턴을 바꾸는 게 필요해 보였다. 몇 번의 회의 끝에 색소가 없고 투명한 가그린의 특징을 적극적으로 알리자는 의견이 나왔다. 광고는 배우 박보영 씨가 메인 모델로 등장해 "투명은 안심이다"라는 메시지를 소개했다. 무색소를 기준선 삼아 구강 청결제에 대한 인식의 프레임을 바꾸는 전략은 유효했다. 제품의 매출은 상승 곡선을 그렸고, 무색소는 어느새 구강 청결제 시장의 새로운 구매 기준으로 떠올랐다.

선 긋기 전략을 아이디어에 활용해 보고 싶다면 '거나' 하게 생각해 볼 것을 권한다. 제품이나 서비스를 '거나'가 들어간 문장으로 표현하는 것이다. 최근 많은 쇼핑 플랫폼은 주문한 물건을 새벽에 배송하는 서비스를 내세운다. 이런 상황에선 '당신이 주문한 물건, 새벽에 받거나 하염없이 기다리거나'라고 이야기해 볼 수도 있겠다. 이와 같은 문구를 보면 소비자는 새벽 배송 서비스의 제공 여부를 기준으로 쇼핑 플랫폼을 선택하게 될 것이다. 숙박 공유 서비스를 제공하는 '에어비앤비(airbnb)'의 국내 캠페인 슬로건은 '여행은 살아보는 거야'다. 시티 투어 버스를 타거나 가이드를 따라다니는 일반적인 관광에서 벗어나 숙소 호스트와 함께 호흡하며 여행지의 삶을 체험하도록 유도하는 에어비앤비만의 특성이 잘 드러난다. '여행, 관광객처럼 돌아다니거나 현지인처럼 살아보거나'라는 문장이 절로 떠오른다.

Insight Summary ○ '거나'하게 선을 긋자

- 당신이 주문한 물건, 새벽에 받**거나** 하염없이 기다
  리**거나**

- 여행, 관광객처럼 돌아다니**거나** 현지인처럼 살아보
  거나

- 스마트폰, 100배 줌이 있거나 없거나

다만 조심해야 할 부분도 있다. 우선 제시하는 구매 기준이 매력적인지를 꼼꼼히 판단해야 한다. 기준 자체가 사람들에게 호감을 주지 못한다면 선 긋기 전략은 공허한 이야기로 끝나고 만다. 차별점을 강조하기 위해 상대를 지나치게 비방하는 것도 유의해야 한다. 선 긋기 전략을 활용하는 건 좋지만 선을 넘는 발언까지 용인되는 것은 아니다. 경쟁사를 막무가내로 깔보는 메시지는 소비자의 마음을 불편하게 하며 부정적인 브랜딩으로 이어진다. 하지만 "이런 기준에서 다시 생각해 보는 건 어때요?"와 같이 부드러운 어투로 다가가는 브랜드에는 또 다른 기회가 찾아온다. 소비자는 '그럴 수도 있겠네'라고 생각하며 자신의 구매 기준을 다시 한번 바라보게 될 것이다.

전에 없던 기준선을 그려내면 사람들은 또 다른 세계로 눈길을 돌린다. 그곳에서 새로운 선택지를 마주하며 어떤 브랜드와 제품을 고를지 즐겁게 궁리한다. 그렇게 소비자의 인식을 바꾸고 싶다면 무엇보다도 스스로의 인식을 먼저 바꿔야 한다. 선 긋기 전략은 스스로의 생각에 한계선을 긋지 않는 태도에서 비롯된다. 정해진 선을 벗어나 자신만의 기준을 찾는 일, 익숙

0
8
8

했던 판단을 의심하며 더 나은 척도를 고민하는 일. 이런 노력을 반복할수록 우리의 아이디어는 조금씩 달라질 것이다. 인생은 새로운 기준선을 찾기 전과 후로 나뉘는 법이니까.

세상을 판단하는 우리의 시선은
기준선에 따라 시시각각 달라진다.
전에 없던 기준선을 그려내기 위해서는
생각에 한계선을 긋지 않아야 한다.

사이즈가 커지면
아이디어도 커진다

노란 고무 오리가 강물 위를 둥둥 떠다니는 건 그다지 특별한 일이 아니다. 그런데 이 고무 오리가 아파트 10층 높이에 맞먹을 만큼 커다랗다면 이야기가 달라진다. 손바닥 위에 올려놓던 조그만 장난감이 집채만 하게 커지는 순간 초대형 귀여움이 눈앞에 펼쳐진다.

너무나도 거대한 나머지 교량에 머리를 부딪치는 고무 오리는 보자마자 두 눈을 의심하게 한다. 어떤 누리꾼은 여기에 "나 머리 쿵해쪄"라는 멘트를 추가했고 이는 아는 사람들은 다 아는 유명한 '짤방'이 되었다. 이후 대형 고무 오리의 귀여운 수난사에 온갖 문장이 덧붙여지기 시작했다. 고꾸라져서 강물에 고개를 처박고 있는 모습에는 "나 목말라쪄 물 먹고 이쪄"라는 설명이, 바람이 빠져서 물 위에 퍼져버렸을 땐 "나 너무 피곤해 누워쪄"라는 글이 더해졌다.

　이토록 수많은 짤방을 생산해 낸 주인공의 정식 명칭은 〈러버 덕(Rubber Duck)〉이다. 네덜란드의 설치 예술가 플로렌테인 호프만은 최대 높이 26미터, 최대 무게 1톤에 달하는 거대한 고무 오리를 제작해 2007년부터 세계 각국에서 전시를 이어나가고 있다. 우리나라에서는 2014년과 2022년 잠실 석촌호수를 찾았는데 무려 천만 명에 이르는 방문객을 모았다. 전 세계의 긴장을 해소하고 싶었다는 호프만의 바람처럼 슈퍼 라지 사이즈 러버 덕은 다양한 짤방과 귀여운 모습으로 많은 이들에게 미소를 전하고 있다. 이게 다 사이즈를 키운 덕분이다.

　크기가 커지면 귀여움만 커지는 게 아니다. 색다름의 크기도 함께 커진다. 팝아트 작가 클라스 올든버그는 스푼, 셔틀콕, 빗자루, 쓰레받기 같은 기성품을 거대하게 만들어 도시 곳곳에 설치하는 것으로 잘 알려져 있다. 평범한 사물이 수십 배로 커지자 마치 거인의 나라에 온 것 같은 착각이 든다. 비일상적인 크기의 전시물은 일상을 바라보는 우리의 시선을 바꾼다.

익숙한 도시의 풍경이 낯설게 느껴지고, 동시에 주변을 새롭게 둘러보게 된다. 커다란 작품이 커다란 임팩트를 만든 것이다.

사이즈는 놀라움과 밀접한 연관이 있다. 뾰족한 아이디어가 생각나지 않아 답답함이 커져간다면, 알리고자 하는 제품의 사이즈를 키워보는 건 어떨까. 스웨덴의 자동차 브랜드 볼보(Volvo)는 신형 트럭 '볼보 VNL'을 소개하기 위해 꽤나 거대한 계획을 세운다. 장난감 트럭을 사랑하는 세 살 소년에게 실제 트럭을 언박싱하게 한 것이다. 볼보 트럭이 포장된 어마어마한 크기의 종이 박스가 집 앞에 나타나자 소년은 환호성을 지른다. 소년은 엄청난 크기의 종이 박스를 끙끙거리며 연 후 트럭의 내부를 샅샅이 살펴본다. 자칫 지루할 수 있는 신제품 소개에 '거대한 언박싱'이라는 콘셉트가 더해지니 트럭에 대한 관심도 덩달아 커진다. 게다가 이 트럭은 '세상에서 가장 큰 언박싱'으로 기네스 레코드를 세우기도 했다. 포장 박스만 크게 만들었을 뿐인데 어느새 세계 신기록을 달성한 트럭이 된 것이다. 광고가 제품을 그럴 듯하게 포장하는 일이라면, 볼보는 이 포장지를 거대하게 만들어 새로운 재미를 이끌어낸다.

'제품의 거대화'는 눈길을 끌 뿐만 아니라 소비자의 불편함을 효과적으로 해결하기도 한다. 유아차에는 한 가지 맹점이 있다. 유아차에 탄 아기는 착석감이나 바퀴의 안정감 등을 말로 표현할 수 없다. 불편하면 울고, 기분 좋으면 웃고, 아니면 잠드는 정도가 전부다. 부모들은 점원의 설명을 참고하며 '이 정도라면 우리 아기도 좋아하지 않을까?'라고 미루어 짐작하는 수밖에 없다. 백 퍼센트 확신할 수 없는 제품에 돈을 쓰는 건 소비자로서 어쩐지 속상한 일이다.

이런 불편을 해소하기 위해 미국의 유아차 브랜드 컨투어스(Contours)는 대형 유아차를 만들기로 결심한다. "저기요! 이 성인용 유아차에 한번 타보세요!" 평범한 크기의 유아차와 동일한 기술을 적용한 커다란 유아차는 어른들을 태우고 도시 곳곳을 돌아다닌다. 유아차를 타고 길거리를 누비는 어른들은 마치 아이가 된 것처럼 흥분하고, 승차감을 직접 체험하며 만족스러워한다. 유아차를 체험하는 어른들의 즐거운 표정을 보면 컨투어스의 제품에 대한 확신이 생긴다. 어른들이 만족한다면, 직접 타보니 좋다면 아기들도 기꺼이 좋아할 거란 생각이 든다.

사이즈를 키우면 생각보다 많은 게 바뀐다. 생각까지 바뀐다. 아이디어를 담는 메모지의 크기를 바꾸는 것만으로도 생각의 영역은 더욱 넓어진다. 언젠가 노트에 이것저것 끄적이던 나를 보고 한 선배가 조언을 건넸다.

"종이를 큰 걸로 한번 바꿔봐."

밑져야 본전이니 안 해볼 이유도 없었다. 도움이 안 되면 선배한테 따질 거라고 농담을 하며 잽싸게 프린터기로 달려가 A3 용지를 가져왔다. 그런데 웬걸. 종이가 커지니 한결 쾌적한 기분이 들었다. 메모할 수 있는 영역이 넓어진 만큼 생각의 흐름이 잘 끊기지 않았다. 곳곳에 적어둔 문장을 더 넓은 시야로 살펴볼 수도 있었다. 비좁은 운동장에서 신나게 뛰어놀기는 힘들다. 나에게 충분히 넓은 메모지는 아이디어가 뛰놀 수 있는 커다란 운동장과도 같았다. 그 뒤로 마인드맵을 할 때는 되도록 큰 종이를 사용한다.

아이디어를 고민하다 보면 스스로가 작고 초라하게 느껴질 때가 많다. 그리고 잔뜩 주눅 든 마음은 떠오르는 생각마저 쪼그라들게 한다. 그럴 때면 나는 크기를 키울 수 있는 것을 하나둘씩 찾아 나선다. 두 눈을 커다랗게 뜬다. 기지개를 크게 켠다. 커다란 메모지를 책상 위에 펼친다. 할 수 있다는 말을 속으로 크게 외친다. 머릿속에선 제품의 크기를 어처구니 없을 만큼 거대하게 만들어본다. 그렇게 생각의 불씨를 피운다. 이런 작은 노력이 모이면 빅 아이디어도 금세 만나게 될 거라고 믿어보면서. 크게, 더 크게! 나는 아이디어를 향해 큰 걸음을 내딛는다.

사이즈를 키우면 생각보다 많은 게 바뀐다.
생각까지 바뀐다.
아이디어를 끄적이는 메모지의 크기를
바꾸는 것만으로도 생각의 영역은
더욱 넓어진다.

낚시왕이
되자

생선은 사람이 될 수 없지만 사람은 생선이 될 수 있다. 인터넷이란 바다를 유영하다 보면 자신도 모르게 미끼를 무는 일이 생긴다. 우리를 시시각각 유혹하는 떡밥은 제목에서 주로 출몰한다. 타이틀에선 분명 A를 말하고 있는데, 막상 클릭해 보면 전혀 다른 B를 이야기하는 게시물이 많다. '제목 낚시'라고도 불리는 이 현상은 세계 곳곳에서 벌어지고 있으며, 지금 이 순간에도 수많은 사람을 낚고 있다.

〈아이유 "바튼은 좋은 사람이야"〉* 잉? 가수 아이유가 누

---

* 김영범, 《골닷컴》, 2012.9.6.

0
9
8

구를 좋아한다고? 헤드라인만 읽으면 가수 아이유가 연애를 시작한 것처럼 보인다. 하지만 기사의 첫 문장은 우리의 예상을 순식간에 뒤엎는다. "올림피크 마르세유 공격수 안드레 아이유(22)는 새로 팀에 합류한 미드필더 죠이 바튼(30)이 나쁜 사람이 아니라고 설명했다." 저기요? 이 아이유가 그 아이유는 아니잖아요? 뒤통수가 뻐근해지고 당했다는 생각에 어이없는 웃음마저 나온다.

제목 낚시에는 나름의 효과가 있다. 호기심을 불러일으키고 클릭을 유도하여 게시물의 내용을 기필코 확인하게끔 한다. 하지만 그 결과는 대개 부정적이다. 제목과 상관없는 콘텐츠에 우리는 실망한다. 속았다는 기분에 화가 나고 소중한 시간을 낭비했다는 생각에 짜증도 난다.

그런데 누군가를 낚는 게 꼭 나쁘기만 한 것일까? '기꺼이 속아 넘어간다'는 말처럼 감쪽같이 속아서 더 즐거울 때가 있다. 지금 마술 쇼를 보고 있다면 어떨까. 마술사가 눈앞의 물건을 사라지게 한다면 우리는 박수를 치며 환호할 것이다. 그가 초능력에 가까운 트릭을 선보일수록 객석의 분위기는 뜨거워질 게 분명하다. 관객들은 눈앞에서 펼쳐지는 마법 같은 '낚시

행위'를 보기 위해 마술 쇼 티켓을 구매한다. '황홀한 속임수'를 소비하는 셈이다.

JTBC의 예능 프로그램 〈히든싱어〉에서는 진짜 가수 한 명과 그를 모창하는 여러 명이 커튼 뒤에서 번갈아가며 노래를 한다. 현장의 청중과 패널들은 그중 진짜 가수가 누구인지 추리한다. 재밌는 건 진짜보다 더 진짜 같은 모창 가수가 등장할 때마다 시청률이 올라간다는 점이다. 그 누구도 여기에 속았다고 울분을 토하거나 화를 내지 않는다. 이렇게나 똑같을 수가 있나? 노래 너무 잘하는 거 아냐? 뛰어난 모창 능력자들을 보며 모두가 입을 벌리고 감탄한다.

연인을 위한 서프라이즈 이벤트나 친구를 놀라게 하는 깜짝카메라처럼, 재미난 낚시질은 기대하지 못한 새로움을 선사한다. 하지만 상대를 속이는 과정에서 지나친 불쾌감을 유발해서는 안 된다. 위험 요소가 있거나 관련성이 없으면 오히려 역효과가 날 수 있다. "케이크에 반지를 숨기면 어떡해! 삼켜버렸잖아!" "나 오늘 생일도 아닌데… 지금 아무 이유도 없이 깜짝카메라 한 거야?" 커다란 반발을 맞이할 게 불 보듯 뻔하다. 하지만 상대를 적당히 당황스럽게 만들고 그 뒤에 상상도 하지 못할 선물을 준다면? 감동이라는 월척이 가슴 속에서 펄떡일 게 분명하다. 그리고 낚인 사람은 아마도 이렇게 외칠 것이다.

"속았는데… 오히려 더 좋아!"

적절한 낚시 스킬은 소비자에게 의미 있는 떡밥을 던진다. 몇 년 전, 패션 브랜드 디젤(DIESEL)은 뉴욕 패션 위크 기간 동안 짝퉁 시장으로 유명한 뉴욕 커낼가에 비밀리에 짝퉁 매장을 론칭했다. 가게의 모든 옷에는 브랜드명의 철자를 슬쩍 바꾼 '데이젤(DEISEL)'이란 로고가 붙었다. "이건 진짜 디젤 제품이에요! 로고만 가짜라고요!" 점원은 가짜 같은 진실을 얘기하지만 누구도 이 말을 믿지 않는다. 하지만 이곳에서 판매하는 모든 의류가 디젤의 디자이너들이 만든 고퀄리티 제품이라는 사실이 알려지자, '데이젤' 라인업은 리미티드 에디션으로 돌변한다. 사람들은 가게 앞에 길게 줄을 서고 리세일 시장에선 가격이 몇 십 배로 뛴다. 진짜보다 더 비싼 짝퉁이 탄생한 것이다. 디젤은 진짜가 만들면 짝퉁도 명품이 된다는 사실을 몸소 보여주면서 기존의 짝퉁 문화를 효과적으로 비판한다.

예기치 못한 결말로 사람들을 낚는 식스센스급 반전은

커다란 임팩트를 만든다. 유튜브에서 볼 수 있는 〈에반(Evan)〉이라는 영상은 제목과 동명인 소년의 사랑 이야기를 다룬다. 에반은 도서관 책상에 '나 심심해'라고 낙서를 하고, 며칠 뒤 여기에 답글이 적힌 것을 발견한다. 그는 익명의 상대와 낙서를 주고받으며 차츰 애정을 키워간다. 마침내, 에반 앞에 낙서의 주인공인 소녀가 등장한다. 서로 반갑게 인사를 나누며 화기애애한 대화가 이어지는 순간, 체육관 문을 열고 들어온 학생이 총을 장전한다. 학교는 순식간에 비명으로 가득한 아수라장이 된다. 그리고 영상은 총기 범죄를 계획하고 있던 학생이 처음부터 존재했음을 보여준다. 그는 책상에 낙서를 하던 에반의 곁에서 총기 관련 책을 읽었고, 에반이 걷던 복도에서 친구들에게 괴롭힘을 당했으며, 에반이 공부하던 교실에서 아이들에게 총을 쏘는 제스처를 취하고 있었다. 에반도, 영상을 보던 우리도 이 끔찍한 계획의 징후를 알아차리지 못한 것이다. 영상은 충격적인 반전을 통해 총기 사건의 징조를 쉽게 놓칠 수 있다고 경고한다. 총기 사고 예방을 위한 시민단체 '샌디 훅 프로미스(Sandy Hook Promise)'가 제작한 이 광고는 다양한 매체에서 일 억이 넘는 조회 수를 기록하며 큰 화제를 모았다. 이처럼 낚시 스킬은 어떻게 쓰느냐에 따라 경각심을 일깨우는 공익적인 방법이 되기도 한다.

아이디어로 이어지는 맛있는 떡밥은 어디에나 존재한다. 복합 쇼핑몰 스타필드의 티저 광고를 만들 땐 브랜드명에서 먹음직스러운 힌트를 얻기도 했다. 'StarField'를 두 글자로 줄이면 'S.F'가 된다는 동료의 말은 회의실에 있던 우리 모두의 구미를 당겼다. 블록버스터급 쇼핑몰로 스타필드를 알릴 기회가 찾아온 것 같았다. 우리는 배우 정우성 씨와 김지원 씨를 캐스팅해 〈the S.F〉라는 영화가 개봉하는 것처럼 티저 광고를 만들었다. 영화 포스터처럼 만든 홍보물을 영화관에 비치했고, 영화 예매 애플리케이션에 광고를 싣기도 했다. '이거 영화인가요? 감독은 누구인가요? 아니면 광고인가?' 물음표 가득한 댓글과 게시글이 차츰 올라왔다. 실제 영화가 개봉하는 줄 알고 인터넷에서 검색하다가 이 모든 게 광고라는 사실을 뒤늦게 깨닫는 소비자도 나타났다. 예리한 누리꾼들은 영상을 분석하여 깨알같이 적힌 영화 제작사 이름이 '강태공 엔터테인먼트'이고, 배우들이 쥐고 있는 종이 가방에 스타필드 로고가 박혀있다는 숨겨진 진실을 알렸다. 소비자에게 영화 같은 광고로 미끼를 던졌더니 펄떡이는 반응이 낚여 올라온 것이었다. 그만큼 스타필드에 대한 사람들의 관심은 더욱 커졌다.

마케팅은 일상을 유영하는 소비자를 낚아 올려 새로운

세계로 데려가는 일과도 같다. 물의 흐름을 읽으며 고기가 잡히는 포인트를 예상하듯 세상이 흘러가는 모습을 기민하게 지켜보자. 그리고 정성 들여 만든 미끼를 사람들에게 던져보자. 재빨리 입질이 오지 않더라도 조급해할 필요는 없다. 낚시는 기다림의 미학이다. 자신만의 떡밥을 고민하며 끈질기게 생각의 찌를 드리우는 사람에겐 대어가 찾아오기 마련이다. 세상은 오늘도 당신의 유쾌한 아이디어에 기꺼이 낚일 준비가 되어 있다.

아이디어로 이어지는 맛있는 떡밥은
어디에나 존재한다.
세상이 흘러가는 모습을 기민하게 지켜보고
끈질기게 생각의 찌를 드리우자.

PART 2

카피라이팅:
카피 줍기의
기술

댓글이라 쓰고
카피라 읽는다

〈펀치에서 총소리가 나는 타이슨〉이란 제목의 유튜브 영상을 무심코 클릭했다. 핵 주먹으로 유명한 복서, 마이크 타이슨이 샌드백을 칠 때마다 펑 하는 대포 소리가 났다. '이게 사람이 낼 수 있는 소리라고?' 그리고 밑에 달린 댓글을 보자마자 내 입에선 감탄사가 나왔다. '이게 평범한 사람이 쓸 수 있는 댓글이라고?'

'보를 바위로 이길 수 있는 사람'이란 댓글을 보자마자 웃음이 터졌다. 불가능을 가능케 할 정도로 센 주먹의 위력을 가위바위보에 비유하여 세련되게 전달했기 때문이다. "보? 까짓거 내 주먹으로 부숴주지!"라고 말하는 타이슨의 얼굴이 순간 떠올랐다. '보리보리쌀 게임 같이 하면 안 되는 사람 1위'라는 댓글에선 그의 펀치를 다른 장르의 게임으로 확장하는 발상의 전환에 혀를 내둘렀다. 그리고 '절대 터지지 않는 샌드백 뒷광고'라는 댓글을 발견했을 때 나는 물개가 되어 미친 듯이 박수를 쳤다. 샌드백의 입장에서 영상을 재해석하다니! 마지막에 샌드백 브랜드 로고를 슬쩍 붙이는 것만으로도 훌륭한 광고가 될 것 같았다. 대한민국 전 국민 카피라이터설이 진짜라는 확신이 절로 들었다.

나에게 유튜브는 크리에이티브 창고다. 신박한 댓글과 참신한 문장이 넘쳐나기 때문이다. 아이디어가 넘치는 유튜브 댓글에는 다양한 유형이 있다. 그중에서도 내가 즐겨 참고하는 것은 영상 속 주인공을 향해 과도한 애정 공세를 펼치는 '주접 댓글'이다. 누가 처음 시작한 것인지는 몰라도 주접 댓글에는 일종의 공식이 있다. 5, 7, 5음의 17자 규칙이 있는 하이쿠나 14행에 일정한 리듬을 지니는 소네트처럼 나름의 법칙이 존재한다. 댓글에도 형식미가 있다니 대단하지 않은가? 이 정도면 온라인 기반의 새로운 문학 장르로 불러도 손색없다.

주접 댓글의 규칙은 이런 식이다. 처음엔 부정적인 내용으로 이목을 끈다. 하지만 댓글의 마지막 문장에는 말장난을 활용한 반전이 기다리고 있다.

> "○○ 님, 노래 실력 완전 거품이네요!"
> 숨겨진 댓글: 언빌리'버블(bubble)'
> "○○ 님, 요즘 인기에 구멍이 많다면서요?"
> 숨겨진 댓글: 황'홀(hole)'

언빌리'버블'이나 황'홀' 같은 주접 댓글의 말장난은 하나의 단어 속에 숨겨진 또 다른 단어를 재치 있게 선보인다. 이것은 평범한 단어에서 전혀 다른 의미를 발굴하는 카피 쓰기와도 같다. 전체 발화 구조가 반전을 주도록 구성되었다는 점도 흥미롭다. 악플이라고 생각하면서 댓글을 읽다 보면, 그 안에 숨겨진 어이없고도 귀여운 진심이 드러난다. 부정적인 문장으로 관심을 유발하고, 센스 있는 보충 문장으로 의미를 전복한다. 단두 문장만으로 복합적인 감정을 불러일으킨다. 짧은 글로 최대한의 효과를 이끌어내는 카피라이팅 스킬과도 맞닿아 있는 지점이다.

동일한 문장을 그대로 사용하는 것은 생각을 베끼는 행

위에 불과하지만, 문장 속에 담긴 인사이트를 면밀하게 분석하고 크리에이티브 구조를 빌려와 글을 쓰는 것은 카피라이팅이 된다. 주접 댓글의 공식을 활용해 회사 디지털 매거진에 카피를 쓴 적이 있다. 주제는 '시간'이었다.

여러분, 시간이 왜 금이게요? 지'금'이 있으니까!

어쩐지 썰렁한 말장난 같다. 하지만 대략적인 카피의 틀을 만들기 위해선 엉성한 문장이라도 일단 써야 한다. 카피가 될 수 있는 씨앗을 한껏 펼쳐놓고, 괜찮은 문장이 싹틀 수 있는 지점을 찾아내 이렇게 저렇게 머리를 굴리다 보면 그럴듯한 카피가 태어난다. 나는 여기서 주접 댓글의 궁금증을 자아내는 포인트를 덜어내고, 귀여운 말장난을 감성적인 톤으로 다듬어 카피를 완성했다.

#Copy
만나자는,

보고 싶다는 말에 지금을 붙여보세요

모든 시간은 금입니다

지금, 이란 시간 덕분에

카피의 내용처럼 가장 빛나는 시간은 어제도, 내일도 아닌 '지금'이라고 생각한다. 그리고 메모는 그 눈부신 순간을 붙잡아 오래도록 간직하게 해준다. 유튜브나 SNS는 우리의 두뇌를 자극하는 멋진 헛소리들로 가득하고, 나는 그곳을 헤엄치며 쉼없이 메모한다. 두꺼운 책이나 아이디어 실용서를 읽지 않아도, 우리 주변엔 그런 문장들이 얼마든지 존재한다. 메모하기에 가장 좋은 순간은 지금이다. 지금 나를 웃기는 문장, 지금 나를 울리는 감동적인 대화, 지금 나를 환호하게 하는 댓글을 수집하는 것만으로도 크리에이티브한 사람에 한 발 더 가까워질 수 있다.

한때 나의 메모장엔 유명한 사람들의 문장이나 위대한 명언이라 불리는 것들이 잔뜩 적혀있었다. 하지만 카피라이터로 일하는 시간이 늘어날수록 이상하고도 유쾌한 문장을 메모하는 일이 점점 늘어났다. 카피라이터에게, 글을 쓰는 사람에게, 아이디어를 고민하는 사람에게, 대단하지 않은 것은 없다는 사실을 알게 됐기 때문이다. 사소한 것에서 비범한 무언가를 발견해내는 일이야말로 대단함에 더욱 가까워지는 과정이다. 남들은 웃어 넘기는 시시콜콜한 댓글까지 쉽게 지나치지 않는 태도가 새로운 생각을 만든다. 나태주 시인의 '자세히 보아야 예쁘다'라는 시구처럼, 엉뚱한 댓글도 자세히 보면 그 속에서 빛나는 무언가를 발견할 수 있다. 게다가 이런 식의 메모는 우울할 때도 아주 유용하다. 그저 메모장을 읽어보는 것만으로도 피식 웃음이 나오기 때문이다.

아이디어를 고민하는 사람에게
대단치 않은 것은 없다.
사소한 것에서 비범한 무언가를
발견해 내는 일이야말로
대단함에 가까워지는 과정이다.

짤방 줍는 사람의
다른 이름은 카피라이터

웃음소리가 끊이지 않는 방. 수많은 사람들이 찾아오는 방. 누리꾼들의 온갖 창의력이 한데 모이는 곳이자 지금 이 순간에도 계속해서 생겨나는 방. 아이디어가 궁핍할 때마다 한 번씩 찾는 이곳은 '짤방'이다. 짤방은 온라인에서 유행하는 웃긴 소재를 활용한 이미지 위주의 창작물을 일컫는 말이다. 인터넷 밈(meme)이라고도 불리며 카카오톡 채팅창이나 웹사이트까지 거의 모든 곳에서 만나볼 수 있는 게 특징이다. 가벼운 개그 소재처럼 보이는 짤방에는 마냥 웃어넘길 수 없는 창의력이 담겨 있다. 몇 장의 사진과 짧은 텍스트만으로 누군가를 웃기거나 코웃음이라도 치게 하는 건 결코 만만한 일이 아니다.

짤방계에 시상식이 있다면 의심의 여지 없이 1위를 주고 싶은 작품은 'Yoga vs Vodka'다. (지금 인터넷에서 해당 작품을 검색해 보시길 추천합니다!) 여기에는 두 명의 인물이 등장한다. 한 명은 바닥에 누워 두 다리를 들어올린 후 발끝을 정수리 쪽으로 가져가 'ㄷ'과 비슷한 유연한 자세를 취하고 있다. 그리고 다른 한 명은 무릎을 벤치에 걸쳐놓은 채 얼굴을 바닥에 파묻고 있다. 이쪽은 흡사 찌그러진 'ㄷ'에 가깝다고 할 수 있겠다. 여기에 '요가'와 '보드카'라는 단어가 더해지자 예상치 못한 웃음이 터진다. 요가를 즐기는 사람, 그리고 보드카에 취해 엉망진창으로 엎어져 있는 사람의 절묘한 공통점을 센스 있게 찾아내다니! 혹시라도 보드카를 사랑하는 술꾼이 이 짤방을 본다면 "보드카를 마시는 것도 어쩌면 요가를 배우는 훌륭한 방법이 되지 않을까요?"라며 능청을 떨지도 모르겠다. 요가와 술의 닮은 점을 재치 있게 발굴해 내는 누리꾼들을 보면 이들에게 '꾼'이란 단어가 괜히 붙은 게 아니라는 생각이 든다.

평범한 이미지도 어떤 텍스트를 덧붙이느냐에 따라 엄청난 짤방이 된다. 대표적으로는 '제목 학원' 시리즈가 있다. 웃긴 자료를 올리는 사이트 등에서 이미지에 절묘한 제목을 붙이는 사람들에게 "제목 학원 수료하셨나 봐요"라고 말하는 것에서 유래한 이 짤방 시리즈는 별것 아닌 사진에 기상천외한 제목을 더해 전혀 새로운 의미를 창조해 낸다.

영화 〈해리 포터와 죽음의 성물 2〉의 캐릭터 홍보 포스터 중 해리 포터가 지팡이로 빨간 불빛을 내뿜으며 강력한 마법을 쓰는 것이 있다. 잔뜩 찡그린 해리 포터의 표정은 마법의 위력을 생생하게 전한다. 하지만 제목 학원 수석 졸업생은 이 사진을 있는 그대로 바라보지 않는다. 그는 여기에 'TV를 켰는데 음량이 최대치였다'라는 설명을 덧붙인다. 그러자 해리 포터가 손에 쥔 지팡이는 리모컨이 되고, 빨간 불빛은 리모컨의 강력한 기능을 뒷받침하는 비주얼 요소로 돌변한다. 게다가 괴로워하는 해리 포터의 얼굴은 지나치게 큰 텔레비전 음량에 고통받고 있는 것처럼 보인다. 단 한 문장으로 해리 포터의 적을 텔레비전으로 바꿔버리는 마법이 눈앞에 펼쳐진다.

잘 설계된 문장은 일상적인 소재마저 새로운 시선으로 바라보게끔 한다. 특별할 것 없는 아기 신발 사진에 누군가는 이런 글을 적었다. "아기 신발 팝니다. 신어본 적은 없어요(For sale: baby shoes, never worn)."* 슬픈 사정으로 부모 곁을 떠난 아이와 그 아이의 신발을 팔 수밖에 없는 부모의 궁핍한 상황 등이 순식간에 떠오른다. 짧은 문장이지만 긴 여운이 남는다. 소위 여섯 단어 소설로 불리는 이 글은 극단적으로 짧은 문장에 복합적인 스토리를 담아낸 사례로 자주 언급된다. 지금으로 따지자면 감동 중심의 커리큘럼을 수강한 제목 학원 학생이 쓴 예술적인 제목이라고도 할 수 있겠다.

냄비에서 끓고 있는 익숙한 미역국도 설명글에 따라 맛과 느낌이 시시각각 달라진다. '처음으로 만든 미역국!'이라는 문장에선 레시피를 곁눈질하며 미역을 불리는 한 사람의 설렘이 느껴진다. '오늘은 아내의 생일이다'라고 쓴다면 생일상을 차리는 남편의 사랑과 정성이 선명하게 떠오른다. 그리고 '딸아, 오늘 수능 시험 망치더라도 엄마가 준 미역국 때문이라고 생각해'** 라는 글이 적혀있다면 앞서 언급한 텍스트들과는 또 다른 상황이 눈앞에 펼쳐진다. 시험 날 아침, 굳이 미역국을 끓이는 엄마와 그 미역국 한 그릇 덕분에 도리어 힘을 내는 딸의 모습이 선명하게 겹친다. 시험 결과에 연연하지 않길 바라는 엄마의

※ 소설가 어니스트 헤밍웨이가 술자리 내기에서 선보인 문장으로 잘 알려져 있지만, 진짜 그가 이 문장의 최초 작성자인지는 밝혀진 바 없다.

※※ 〈수능 보는 딸에게 엄마가 아침밥으로 '미역국'을 끓여 준 이유〉, 《인사이트》, 2018.11.13.에 소개된 사연을 인용

마음과 따뜻한 위로를 품은 미역국의 맛이 생생하게 전해진다. 이 내용을 간편 미역국이나 미역국의 감칠맛을 더하는 요리 에센스 광고에 활용하면 어떨까? 사랑하는 이를 정성스럽게 응원하는 감성적인 캠페인을 제작할 수도 있을 것이다.

이미지를 색다르게 해석하도록 유도하는 '짤방식 텍스트 전략'은 인쇄 광고의 헤드라인과도 맞닿아 있다. 카피라이팅은 특정한 비주얼에 새로운 제목을 달아주는 일과도 같다. 브라질에서 집행한 구강 청결제 리스테린 포스터에는 한 손을 흔들며 잇몸 미소를 짓는 소년의 모습이 일러스트로 그려져 있다. 얼핏 보면 반가운 사람에게 인사를 건네는 것처럼 보인다. 하지만 광고의 헤드라인을 읽자마자 소년의 해맑은 미소는 아찔한 상황을 모면하기 위한 서글픈 웃음으로 뒤바뀐다.

손 인사를 하다가 당신에게 인사한 것이 아니란 것을 느끼는 순간 (WAVING BACK AND REALIZING THAT IT WASN'T MEANT FOR YOU).

누구나 한 번쯤 이런 일을 겪어보았을 것이다. 멀리 있는 사람이 나에게 인사를 하는 줄 알고 한 손을 번쩍 들어 열렬히 화답하다가 그가 나 말고 다른 이에게 인사를 하고 있다는 걸 뒤늦게 깨달은 적 말이다. 민망하고, 당황스럽고, 도망가고 싶지만, 그럴 수는 없어서 이상한 웃음을 지을 수밖에 없는 순간! 광고 슬로건은 리스테린의 필요성을 재치 있게 강조한다. '웃을 수밖에 없을 때, 리스테린(SOMETIMES ALL YOU CAN DO IS SMILE, LISTERINE).' 당황스러움을 웃음으로 무마해야 한다면 깨끗한 치아인 편이 아무래도 더 낫지 않겠냐고 너스레를 떨다니. 세상 어떤 웃음이든 청결하게 만들겠다는 리스테린의 의지가 유쾌하게 다가온다.

짤방이라는 명사 뒤에는 재미나게도 '줍는다'는 동사가 주로 붙는다. '짤방을 줍는다'를 줄인 '짤줍'이란 표현도 자주 쓰인다. 그리고 짤줍에 능한 사람들은 적재적소에 센스 있는 짤방을 선보이며 웃음을 선사한다. 카피라이팅도 마찬가지다. 짤방처럼 웃기고 짤방보다 감동적인 말들을 잘 줍기만 해도, 필요할 때마다 이를 잘 꺼낼 수만 있어도, 자신만의 카피를 쓸 수 있다.

언젠가 연인과 함께 남산공원에 단풍놀이를 갔을 때였다. 남산공원 주변을 도는 마을버스를 탔더니 빨간 낙엽을 귀에 꽂은 할머니들이 앉아 계셨다. 그 모습을 보며 연인은 이렇게 말했다. "할머니들이 책갈피를 머리에 꽂고 있네." 낙엽을 줍는 누군가에게 '책갈피를 줍는 사람'이라는 제목을 달아준다면 독서의 계절이라 불리는 가을을 낭만적으로 즐기는 모습처럼 느껴질 것 같다. 모두가 낙엽을 낙엽으로만 바라볼 때 남몰래 책갈피를 떠올리는 마음. 그것은 카피를 쓰는 사람의 심정과도 크게 다르지 않다. 아주 잠깐이었지만 그 순간 연인은 멋진 카피를 내 귀에 속삭이고 있었다.

우리는 자신도 모르는 사이에 매순간 카피를 쓰고 있다. 웃자고 만든 짤방으로, 별생각 없이 내뱉는 한마디로, 시시콜콜 던지는 농담으로 자신만의 멋진 문장을 세상에 쏟아내고 있다. 이 모든 말들을 흘려 넘기지 않는 것. 성실하게 줍는 것. 가끔씩 그것들을 골똘히 떠올려 보는 것. 이런 태도가 하나둘씩 쌓여갈수록 사람들의 마음을 움직이는 제목이, 관점을 뒤바꾸는 문장이 우리 곁으로 성큼 다가올 것이다.

Insight Summary ○ **짤방에서 카피라이팅 전략을 찾자**

 - 짤방식 이미지 전략: 전혀 다른 이미지 사이에서 유
   사성을 발굴하는 예리한 시선
   예) 요가를 하는 사람과 술에 취한 사람의 비슷한

자세

- 짤방식 텍스트 전략: 평범한 이미지를 새로운 시선
  으로 해석하는 잘 설계된 문장

  예) 아기 신발 → 아기 신발 팝니다. 신어본 적은 없
  어요.

  예) 미역국 → 딸아, 오늘 수능 시험 망치더라도 엄
  마가 준 미역국 때문이라고 생각해.

  예) 해맑은 미소 → 손인사를 하다가 당신에게 인사
  한 것이 아니란 것을 깨닫는 순간

- 짤방식 데일리 전략: 일상적인 사물에 전혀 다른 의
  미를 부여하는 섬세한 태도

  예) 낙엽을 줍는 사람 → 책갈피를 줍는 사람

우리는 자신도 모르는 사이에
매순간 카피를 쓰고 있다.
별생각 없이 내뱉는 한마디로,
시시콜콜 던지는 농담으로
나만의 멋진 문장을 세상에 쏟아내고 있다.

익숙한 문장 속에
낮선 정답이 있다

"늦었다고 생각할 때가 진짜 너무 늦었다." 코미디언 박명수 씨의 유명한 어록 중 하나인 이 문장은 "늦었다고 생각할 때가 가장 빠른 때다"라는 유명한 속담을 은근슬쩍 뒤바꾼 것이다. 처음엔 우스갯소리처럼 들리지만 곱씹어 생각할수록 여기엔 뼈를 때리는 진실이 있다. 공부를 미루고 미루다가 시험 전날 책상에 앉으면 망했다는 말이 절로 나온다. 엎질러진 물은 무슨 수를 써도 주워 담을 수 없는 법이다. 기존 속담이 '이제라도 시작하면 어떻게든 해낼 수 있어!'라는 희망찬 메시지라면 박명수 씨의 변형 속담은 정말로 늦기 전에 할 일을 미리 시작하라는 지극히 현실적인 조언이다.

"일찍 일어나는 새가 벌레를 잡는다"라는 익숙한 격언도 그의 입을 거치면 "일찍 일어나는 새가 피곤하다"가 된다. 기존 문장이 품고 있던 부지런한 삶의 가치를 반박하는 셈이지만 역시나 그의 말엔 부인할 수 없는 진리가 있다. 많은 직장인이 매일 아침 5분만 더 자고 싶다고 외치는 건 전날의 업무 강도에 상관없이, 야근을 했다고 할지라도 일찍 눈을 떠야 하기 때문이다. 그는 격언이 놓치고 있던 지점을 간파하며 달콤한 늦잠의 당위성을 유쾌하게 전한다.

그의 수많은 어록이 지금까지도 회자되는 건 누구나 아는 문장을 센스 있게 비틀었기 때문이다. 모두에게 잘 알려진 표현에는 많은 설명이 필요하지 않다. "늦었다고 생각할 때가"라는 앞 문장을 들으면 자연스레 "가장 빠른 때다"라는 뒤 문장이 떠오른다. 하지만 당연한 문장을 생뚱맞게 뒤튼다면? 모두가 합의한 기존의 공식이 깨지면서 의외성이 생긴다. 귀가 쫑긋해지고 무슨 이유로 저런 말을 하는지 궁금해진다. 이때 공감 가는 내용이 덧붙여지면 호기심은 어느새 놀라움으로 변한다.

"붓은 칼보다 강하다"라는 격언은 말과 글, 사상에 무력을 뛰어넘는 힘이 있다는 걸 뜻한다. 어떤 누리꾼은 여기에 상상력을 더해 붓과 칼이 난무하는 무협 액션의 세계로 우리를 데려간다.

붓이 칼보다 강한 이유: 사람을 죽이러 오는 사람이 칼이 아니라 붓을 들고 왔는데 약한 사람일 리 없음

진정한 고수는 무기를 탓하지 않는다고 했던가. 목숨을 건 싸움의 현장에서 홀연히 한 자루 붓을 들고 나타난 한 사람의 모습이 떠오른다. 빗발치는 칼날을 가볍게 피하며 붓으로 상대방의 급소를 찌르는 고수. 마침내, 상대의 검이 하늘로 튀어올라 바닥에 떨어지는 순간 붓을 든 주인공은 이렇게 말할 것만 같다. "칼을 칼답게 쓰지 못하는 자에겐 붓조차 아까운 무기로구나!" 누구나 아는 격언에 누구도 예상치 못한 해석을 곁들이자 본래 의미는 온데간데없이 사라지고 색다른 재미가 생겨난다. 평범한 붓도 주인의 능력에 따라 용도가 달라질 수 있다는 깨달음(?)마저 얻게 된다.

카피라이팅은 세상에 없는 문장을 애써 찾아 헤매는 것

  ※ 트위터 @바또용

이 아니다. 그보다는 모두가 아는 문장에서 의외의 가능성을 발견하는 일에 가깝다. 다루는 대상과 연관이 있는 익숙한 표현을 찾기만 해도 카피라이팅의 절반은 해결한 셈이다. 그리고 문장의 이모저모를 살펴보며 낯설게 만들 방법을 고민하다 보면 나머지 절반도 금세 완성할 수 있다.

몇 년 전, 해변가에 신발과 양말이 놓여 있는 사진에 카피를 써야 할 때였다. 옷과 관련한 관용어를 검색하다가 "옷이 날개다"라는 속담이 눈에 들어왔다. 문득 엉뚱한 생각이 들었다. 우리에게 날개가 되어주는 게 옷뿐일까? 무거운 옷을 벗어 던지면 오히려 날아갈 것 같은 기분을 더 잘 느낄 수 있지 않을까?

#Copy
옷이 날개라지만
옷이 없어도 사람은 날 수 있다

어쩌면 더 자유롭게,
훨훨

입고 있던 옷을 바닷가에 황급히 벗어놓고 바다로 풍덩

뛰어드는 사람들을 상상하며 썼던 카피다. '옷만 날개일까?'라는 질문에서 시작해 나만의 해석을 덧붙인 끝에 문장을 완성할 수 있었다.

"오르지 못할 나무는 쳐다보지도 마라"라는 속담은 능력 밖의 불가능한 일에 욕심부리지 말라는 뜻이다. 그런데 나무는 꼭 올라가야만 의미가 있는 걸까? 오르지 못할 나무는 엄두도 내지 말아야 할 부정적인 나무인 걸까? 나무의 효용에는 여러 가지가 있다. 햇빛을 막아주는 시원한 그늘은 훌륭한 휴식처가 되고, 크고 아름다운 나무는 보는 것만으로도 우리를 기쁘게 한다.

#Copy

오르지 못할 나무를
애써 쳐다보지 마세요

그늘에 앉아 바람을 느끼고
편히 쉬면 또 그만이니까요

오르지 못하더라도

나무는, 나무라서 좋습니다

오르지 못할 나무에도 근사한 쓸모가 있다는 걸 전하고 싶었다. 그 마음을 차곡차곡 녹여낸 덕분에 또 하나의 카피가 태어났다. 새로운 문장을 쓰는 건 어려운 일이다. 하지만 익숙한 문장을 살짝 비튼다고 생각하면 카피를 쓰는 게 조금은 쉽게 느껴질 것이다.

유명한 명언도 카피라이팅의 좋은 시작점이다. 음식 주문 앱 '배달의 민족'에서 진행하는 '배민신춘문예'에선 다양한 참가자의 주옥같은 명언 패러디가 돋보인다. 어떤 참가자는 철학자 아리스토텔레스의 "시작이 반이다"에 '반'이라는 한 글자를 추가해 "시작이 반반이다"라는 치킨집 명언을 만들었다. 이런 문장이 가게에 걸려있다면 나도 모르게 양념 반 프라이드 반을 시킬 것만 같다. 쇠락기가 찾아오기 전에 물러날 시기를 고민하라는 "박수 칠 때 떠나라"라는 말도 어떤 이에겐 음식 명언의 소재가 된다. "박수 칠 때 떠놔라–회"는 박수 치는 즉시 신선한 회를 썰어주며 횟감의 전성기를 화려하게 선보이는 횟집의 좌우명처럼 느껴진다. 기존 문장에서 몇 글자만 바꾸거나 추가했을 뿐인데 예상하지 못했던 의미가 탄생한다.

글을 쓰다 보면 표현이나 생각 등이 진부하게 느껴질 때가 있다. 그럴수록 특별한 단어나 신기한 주제 등에 눈을 돌리게 된다. 하지만 정작 가까이에서 빛나는 가능성을 무시하고 있는 건 아닌지 되물을 필요가 있다. 낯익은 말조차 흘려넘기지 않는 태도, 당연한 표현에 지금껏 하지 않았던 질문을 던져보는 자세. 우리를 더 나은 글쓰기의 세계로 데려가는 건 이런 노력들이다. 근사한 문장을 만드는 건 대단한 소재가 아니다. 약간의 변화, 조금의 균열, 미세한 뒤틀림만으로도 매력적인 글을 쓸 수 있다. 낯선 정답은 오히려 익숙한 문장 속에 숨어 있을 때가 많다.

Insight Summary ○ 익숙한 문장을 낯설게 바꾸자

- 늦었다고 생각할 때가 가장 빠른 때다. → 늦었다고 생각할 때가 진짜 너무 늦었다.

- 일찍 일어나는 새가 벌레를 잡는다. → 일찍 일어나는 새가 피곤하다.

- 옷이 날개다. → 옷이 날개라지만 옷이 없어도 사람은 날 수 있다.

- 시작이 반이다. → 시작이 반반이다.

낯선 정답은 오히려 익숙한 문장 속에
숨어있을 때가 많다.
모두가 아는 문장을 살짝 비틀기만 해도
근사한 카피가 탄생한다.

별걸 다
줄이자

언젠가부터 우리는 '별걸 다 줄이는' 세상에 살고 있다. 심지어 이 말조차 '별다줄'이라고 줄여서 말하는 시대다. 영화 제목이 길다면? 한국인들은 그냥 넘어가지 않는다. 어떻게든 짧게 만들어야 직성이 풀린다. 〈가디언즈 오브 갤럭시〉는 '가오갤'로, 〈콜 미 바이 유어 네임〉은 '콜바넴'으로 부르고야 만다. 텔레비전 프로그램도 마찬가지다. '나혼산'(〈나 혼자 산다〉), '미우새'(〈미운 우리 새끼〉) 등 굳건한 말 줄이기 정신은 어디서나 만날 수 있다.

이름이 긴 외국 배우도 별다줄의 흐름을 거스를 수는 없다. 로버트 다우니 주니어는 '로다주'로, 캡틴 아메리카 역으로 유명한 크리스 에반스는 '캡아'로 불린다. 영어와 한국어의 재미난 조합을 활용해 이름을 줄이는 경우도 있다. 조셉 고든 래빗의 팬들은 가장 앞 글자인 '조'에 '래빗'의 한국어 의미인 '토끼'를 합쳐서 '조토끼'라는 별명을 지었다. 크리스 햄스워스는 '햄스워스'에 한국적 조어 방식을 적용한 '햄식이'라는 애칭을 얻었다.

효율성을 중시하는 한국인에게 줄임말은 여러모로 유용하다. 긴 문장을 짧게 줄이면 기억하기 쉽고 발음하기도 편하다. 특정 단어를 반복적으로 언급해야 할 때 줄임말을 활용하면 수고로움이 줄어든다. 게다가 줄임말에는 입에 착 달라붙는 묘한 말맛이 있다. 덕분에 잘 만든 줄임말은 한 번만 들어도 잘 잊히지 않는다. 쉽게 각인되고 즐겨 쓰게 된다. 줄여 부르는 대상에 대한 친근감이 커지기도 한다. 크리스 햄스워스에서는 범접할 수 없는 할리우드 배우의 위엄이 느껴지지만, 햄식이는 털털한 동네 형 이름처럼 느껴진다. "형, 토르 망치 좀 빌려주시면 안 돼요?" 시답잖은 농담마저 던질 수 있을 것 같다.

이런 줄임말은 브랜드 네이밍에도 자주 쓰인다. 브랜드명을 짧게 줄이기만 해도 소비자와의 거리감이 줄어든다. 배달의 민족은 '배민'이란 이름을 적극적으로 활용한다. 많은 이들이 배달의 민족보다 더 발음하기 편한 배민이란 표현을 당연하게 사용한다. 그만큼 브랜드와 소비자 사이의 유대감은 공고해진다. 나아가 줄인 브랜드명은 '배민1', '배민 문방구', '배민 상회' 등 다양한 분야로 사업 영역을 확장하기에도 유리하다.

줄임말에서 시작된 제품명도 꽤나 많다. 몇 년 전 출시된 짜장 라면 '짜왕'은 '짜장의 왕'에서 유래한 것이다. 제품력에 대한 자부심이 이름에서부터 느껴져서일까. 해당 제품은 출시 후 9개월 만에 천억 원 매출을 달성했다. 맛도 좋고 부르기도 편하며 그 의미까지 직관적이라면 소비자가 사랑하지 않을 이유가 없다.

절묘한 말 줄이기는 브랜드나 제품의 강점을 임팩트 있게 전달한다. 신세계 그룹의 온라인 쇼핑 플랫폼 SSG에서 진행한 '쓱' 캠페인은 축약어를 영리하게 활용한 대표적인 사례다. 영어 단어를 한글 초성으로 대체해 'ㅅㅅㄱ'으로 만들고 이를 '쓱'으로 표현한 광고는 론칭하자마자 많은 관심을 받았다. '오전에 주문하면 오후에 쓱 배송' '백화점에서 이마트까지 한번에 쓱'과 같은 카피로 브랜드의 다양한 서비스를 '쓱'으로 명쾌하게 정의했기 때문이다. 한 글자에 발음의 재미, 브랜드에 대한 신선한 해석, 플랫폼의 장점 등을 압축한 효과적인 전략이었다.

온라인 교육 플랫폼 야나두는 '야! 나두 영어 할 수 있어!'의 줄임말이다. 이름에서부터 너도나도 쉽게 영어를 할 수 있다는 뉘앙스가 전해진다. 구어체처럼 느껴지는 네이밍은 듣자마자 기억에 남는다. 브랜드명 특유의 어감은 배우 조정석 씨를 활용한 공격적인 마케팅과 시너지를 일으키면서 출시 초기부터 화제가 되었다.

줄임말은 카피라이팅에 대한 걱정거리를 줄여주는 솔루션이 되기도 한다. 쇼핑 플랫폼 더한섬닷컴의 광고를 제작할 때였다. 패션 브랜드 한섬의 자사 몰인 더한섬닷컴은 일반적인 쇼핑몰과는 달리 프리미엄을 내세우는 곳이었다. 옷의 가격은 물론이고 배송이나 구매 후 케어 서비스까지 모두 럭셔리를 지향했다.

그런데 브랜드 네이밍이 다섯 글자면 조금 길지 않나? 더 줄일 수는 없을까? 앞 글자를 하나씩 따서 조합해 보니 '더한 닷'이라는 단어가 눈에 들어왔다. 고급스러운 플랫폼에 위트 있는 키워드를 활용하면 의외의 매력이 드러날 것 같았다. 더한섬 닷컴을 프리미엄 서비스를 '더해주는' 플랫폼으로, 한섬만의 매력을 '더한' 쇼핑몰로 새롭게 정의하는 것도 가능해 보였다.

#Copy
장바구니에 프리미엄을 더한닷-더한섬닷컴

옷장에 제대로 된 옷 하나를 더한닷-더한섬닷컴

코트에, 스커트에, 재킷에 좋아요를 더한닷-더한섬닷컴

적절한 줄임말을 찾고 나니 메인 카피를 어렵지 않게 쓸 수 있었다. 브랜드명을 줄이려는 시도는 카피라이팅에 대한 경험을 늘려나가는 과정과도 같다. 특정 브랜드나 서비스를 남다르게 해석하고 싶다면 줄임말을 활용하는 게 도움이 된다.

카피라이팅은 짧은 문장에 특정 대상의 장점을 압축해서 담아내는 일이다. 포괄적인 내용을 정제된 한 문장으로 표현할 수도 있지만, 문장이나 표현 자체를 축약하면서 브랜드만을 위한 신조어를 창조할 수도 있다. 그리고 낯선 줄임말은 사람들에게 생경함을, 놀라움을, 즐거움을 줄 수 있다. 별걸 다 줄이려는 노력이 근사한 카피로 이어질 수 있는 이유다.

줄임말을 활용한 별명은 제품이나 브랜드에 친근한 매력을 더한다. 스타벅스를 스벅으로, 맥도날드를 맥날로, 올리브영을 올영으로 줄여 말하게 되면서 해당 브랜드들은 어느새 생활 속 고유명사가 되었다. 누구나 쉽게 말하고 모두가 당연하게 받아들인다. 잘 줄인 이름 하나가 때론 열 마디 설명을 이긴다. 그런 의미에서 이 글은 이즈음에서 이만 줄이도록 하겠습니다!

브랜드를 남다르게 해석하고 싶다면
브랜드명을 줄여보는 게 어떨까?
낯선 줄임말은 사람들에게
생경함과 놀라움, 즐거움을 선사한다.

PC방에 오지 말라는
PC방 전광판

지금 살고 있는 집 주변에는 PC방이 많은 편이다. 입구에 놓인 수많은 홍보용 배너에는 PC방을 소개하는 메시지가 빼곡하다. '최고 사양 PC 완비!' '각종 음식 주문 가능!' '담배 연기 걱정 없이 고사양 게임을 쾌적하게!' PC방의 장점을 설명하는 내용이 대부분이다. 다양한 팩트가 한가득 적혀있지만 어쩐지 임팩트 있게 다가오지는 않는다.

여기 조금 다른 메시지를 던지는 PC방이 있다. 누군가 중국의 PC방 전광판 문구를 번역한 것인데 내용은 이렇다.

젊은이들아, 게임만 해서는 안 된다. 사이버 세계에서 벗

어나자. 좋아하는 책을 읽고, 친구들과 대화를 나누며, 햇볕 아래서 산책을 하자.

그렇게 하루를 보내고 나면 깨닫게 될 것이다. 역시 게임을 하는 것이 훨씬 재미있다는 사실을.*

PC방을 좋아한다면 부모님이나 지인에게 이런 잔소리를 들어본 적이 있을 것이다. "PC방에서 게임 좀 그만해라!" "책도 읽고 공부도 좀 하고!" 하지만 PC방을 며칠 떠나보면 알게 된다. 발길을 끊을수록 여느 때보다 PC방에 가고 싶어진다는 것을. 그렇게 게임에 대한 욕망을 참고 또 참다가 마침내 PC방에 다시 가게 된다면? 그곳은 에어컨 바람과 맛있는 음식이 함께하는, 게임과 꿀이 흐르는 지상 낙원이 될 것이다. 아, 참는 자에게 복이 있나니. 좋아하는 것이 곁에 없을 때 간절함은 더욱 커진다. 중국의 PC방 전광판은 상실감에서 오는 그리움을 영리하게 활용한다.

메시지의 시작을 "젊은이들아, 게임만 해서는 안 된다"라고 한 것도 전략적이다. 전광판의 긴 글을 다 읽게 만드는 건 어

---

* 트위터 @china_word

려운 일이다. 지루한 메시지는 외면받기 일쑤다. 자신의 소중한 시간을 재미없는 것에 허비하고 싶은 사람은 없다. 하지만 PC 방 전광판에서 PC방에 오지 말라고 이야기한다면? 일단 흥미가 생긴다. 대체 무슨 이유로 저런 말을 하는지 궁금해지고 자신도 모르게 다음 문장을 읽게 된다. 중국의 PC방 전광판은 역설적인 첫 문장으로 관심을 끌고 이내 자연스러운 반전으로 사람들을 매혹한다.

이런 접근을 PC방이 아닌 햄버거에 적용한다면 어떤 일이 벌어질까? 미국 버거킹에서 2009년 진행한 '와퍼 대공황(Whopper Freakout)'이라는 다큐멘터리 형식의 광고는 8분 정도의 실험 카메라로 황당한 상황을 연출한다. 매장 점원들은 버거킹의 대표 메뉴인 와퍼의 판매를 무기한 중단한다고 공지한다. 이때 곳곳에 숨겨둔 깜짝카메라가 소비자의 모습을 리얼하게 보여준다. 사람들의 반응은 뜨겁다 못해 불타오른다.

"지금 농담하는 거죠?"
"매니저 오라고 해요!"

서러움에 북받친 이들은 와퍼가 얼마나 멋진 햄버거였

는지를 고백한다.

"다른 건 필요 없어! 와퍼가 최고란 말이야!"
"내가 와퍼를 얼마나 좋아하는데요!"
"와퍼를… 30년 동안 사랑했소….'
"와퍼…(울상을 짓는다).'

하지만 영상 후반부에는 버거킹의 마스코트인 '킹'이 짜
잔! 하고 나타나서 와퍼를 전해준다. 이 모든 것이 사실은 깜짝
카메라였다고 말하면서. 그러자 사람들은 세상 행복한 웃음을
지으며 와퍼를 먹는다. 광고는 소비자가 느낀 절망감을 활용해
와퍼의 매력을 효과적으로 알린다.

"추운 겨울에는 따뜻한 커피가 좋죠"라고 말하는 것보
다 "이 겨울, 따뜻한 커피가 없다면 세상은 조금 더 춥지 않을까
요?"라고 되묻는 것이 때로는 더 효과적이다. 모락모락 김이 나
는 커피가 없는 겨울을 떠올리면 어쩐지 애틋해진다. 차가운 두
손으로 따끈한 커피 잔을 감싸 쥐는 순간이 문득 그리워진다.
커피의 온기가 없다면 세상의 온기도 조금은 줄어들 것만 같다.
익숙한 것이 곁에 없을 때 우리는 그것의 소중함을 비로소 깨닫

는다.

지나친 음주는 건강을 위협하지만 적당한 취기는 우리에게 용기를 준다. 하지 못하던 이야기를 꺼내게 하고, 숨겨왔던 마음을 고백하게 한다. 그렇다면 오랜만에 만난 친구와 맨정신으로 얘기를 나눈다면 어떨까? 어색한 분위기를 풀고, 시시콜콜 옛이야기를 털어놓는 게 더 어렵게 느껴질지도 모르겠다.

#Copy
깊어가는 밤,

술 한 잔이 없다면

친구와 나누지 못할 이야기가 있다

술이 곁에 없을 때 할 수 없는 일들을 보여주는 순간, 술의 소중함은 더욱 선명하게 드러난다. 카피라이팅은 제품이나 서비스가 지닌 장점을 소비자에게 고백하는 과정이다. 무언가의 좋은 점을 솔직하게 이야기하는 것보다 그것이 없다면 우리의 일상은 한결 달라질 것이라고 말하는 게 더 와닿을 때가 있다.

제품이나 서비스의 매력을 효과적으로 전하고 싶다면,

특정 대상을 향한 애정을 새롭게 표현하고 싶다면, 중국의 PC방 전광판처럼 생각해 보는 게 도움이 된다. 있을 때 잘하라는 말은 없으면 무진장 아쉽다는 뜻이기도 하다. 만약 스마트폰, 신발, 안경이 없다면 어떨까? 지금의 우리로선 상상할 수 없는 불편이 찾아올 것이다. 여느 때보다 간절하게 그것들을 바라게 될 것이다. 그 지점을 자신만의 카피로 건드린다면 사람들의 가슴속에 자리하고 있던 애정이 슬그머니 피어날지도 모른다. 눈에서 멀어질수록 마음이 더욱 가까워지는 것들을 찾아보기만 해도.

비유는 새로운 VIEW를 선사한다

"내가 용광로입니까? 글 속에 나를 녹여내게?"

누군가 자기소개서가 너무 쓰기 싫다며 인터넷 게시판에 올린 글이다. 맞아! 나의 어떤 점을 얼마나 더 녹여내야 한다는 것입니까! 취업 준비에 지쳐버린 나와 같은 영혼들이 그곳에 모여 와글와글 댓글을 달았다. 취업 문턱을 넘지 못해 마음이 용광로처럼 끓어오르던 사람들에게 이 짧은 글은 웃음과 슬픔을 동시에 가져다줬다.

이 글이 아직까지 내 머릿속에 생생하게 남은 건, 절묘한 비유 덕분이다. 자신을 용광로라고 소개하는 첫 문장은 느닷없고 엉뚱하다. 하지만 다음 문장을 마저 읽으면 고개가 아닌 마음이 글을 향해 스르륵 기울어진다. 높은 온도에서 광석을 '녹이는' 용광로의 특징이, 글에 본인의 성장 과정을 '녹여내야' 하는 '자기소개서'로 자연스럽게 이어지기 때문이다.

통통 튀는 비유에는 힘이 있다. 어려운 것을 쉽게, 복잡한 것을 단순하게, 지루한 것을 흥미롭게 전달하려고 할 때 비유는 효과적인 수단이 된다. 문보영 시인의 산문집 《사람을 미워하는 가장 다정한 방식》(쌤앤파커스)에는 흥미로운 비유가 등장한다. 시를 쓰는 이유를 설명하기 위해 시인은 '삽질'이라는 개념을 가져온다.

시를 쓸 때면 삽질하는 기분이 든다. 그런데 나는 삽질이 좋다. 열심히 땅을 파다 보면 뭔가 나온다. 가령 새로운 삽. (중략) 그것은 유쾌한 삽질이다. 땅을 팔 때 계속해서 삽이 나온다는 건 파다 보면 뭔가를 만난다는 것이고, 뭔가를 만날 수 있다면 계속 삽질을 해도 좋다. 어차피 인생은 삽질이고, 그것은 때로 유쾌한 삽질이며, 시 또한 삶의 일부이기 때문에 시를 쓸 때는 삽질하는 기분이 들고 그 기분에 자꾸 중독되는 것이다.

처음에는 의문이 든다. '시 쓰기가 왜 삽질이지? 시라는 건 진지하고도 심오한 문학 장르 아니었나?' 하지만 시인의 설명을 읽다 보면 수긍이 간다. 삽질은 하면 할수록 새로운 무언가를 만나게 한다. 때로는 이상한 곳을 파고, 그 삽질 때문에 고통받기도 하지만, 결국에는 다른 세계를 들여볼 수 있다는 점에서 시 쓰기와 삽질은 비슷하다. 게다가 '삽질'이라는 사뭇 부정적인 단어를 '시 쓰기'와 유쾌하게 연결한 덕분에 시라는 다소 어려운 개념을 편하게 이해할 수 있다. 비유는 헛소리처럼 들릴수록 더욱 강력해진다. 이상하게 느껴진다면 더더욱 좋다. 익숙한 대상을 낯선 개념에 비유하면 사람들의 호기심은 커진다. 나아가 그 이유를 논리적으로 전달하면 공감대가 형성된다. 임팩트가 생긴다.

비유의 힘은 내가 카피라이터 면접을 볼 때도 유용하게 쓰였다. 합격의 마지막 관문인 최종 면접을 치르고 있을 때였다. 내가 의자에 앉자마자 면접관들은 공격적인 질문을 쉼 없이 이어갔다.

"지금껏 광고 관련 경험이 하나도 없는데요. 광고에 큰 관심이 없었다고도 볼 수 있지 않나요?"

"언론사 관련 이력이 많군요. 그럼 광고 회사 말고 언론사에 지원하는 게 맞지 않습니까?"

진땀을 빼며 열심히 답변하던 도중 까다로운 질문 하나가 불쑥 튀어나왔다.

"카피라이터에 지원하셨잖아요. 지금 본인을 소개하는 카피를 쓸 수 있을까요?"

대뜸 눈앞이 캄캄해졌다. 3분 카레처럼 3분 안에 뚝딱 카피를 완성해야만 하는 곤란한 상황이었다. 부글부글, 머릿속에서 온갖 생각이 끓어올랐다.

"저는… 코털입니다!"

신성한 면접장에서 코털이라니! 여기저기서 코웃음이 들려오는 듯했다.

"그게 무슨 말이죠?"
"광고에 대한 저의 열정은 코털처럼 잘라도 잘라도 계속

자라나기 때문입니다!"

그 순간 코웃음이 너털웃음으로 바뀌었다.

"근데 왜 하필 코털입니까? 겨드랑이털도, 머리털도 다 계속 자라는데요?"

"겨드랑이털은 기르는 사람도 있고, 그렇지 않은 사람도 있습니다. 머리카락은 스타일을 위해 기르는 분들도 많죠. 하지만 코털은 그렇지 않습니다. 남들에게 보이면 민망하고 부끄럽죠. 쉽게 무시할 수 없는 털이랄까요?"

나는 합격을 향한 의지를 담아 한마디를 더 외쳤다.

"저의 열정도 코털처럼 쉽게 무시할 수 없습니다!"

몇 주 뒤, 나는 카피라이터 직군으로 최종 합격 통보를 받았다. "지금의 나를 카피라이터로 키운 건 8할이 코털이었습니다!"라고 말할 수는 없겠지만 스스로를 코털에 비유했기에 딱딱한 면접장에서 면접관들에게 웃음을 준 것은 확실하다. 게

다가 면접장에서 어떤 방식으로든 강한 인상을 남기는 건 중요하다. 면접관들이 나를 생각하면 자연스레 코털이 연상되고, 그러면 피식 웃음이 나면서 나를 확실하게 떠올릴 수 있지 않았을까? 기억에 남지 않는 면접자가 되는 것보다는 그 편이 나을 것이다. 콧속에 이물질이 유입되는 것을 차단하는 코털은 나의 면접 탈락까지 훌륭하게 막아주었다. 고마워, 코털아!

비유는 발명이 아닌 발견의 영역에 가깝다. 특정 대상을 설명할 수 있는 적절한 개념을 찾는 것만으로도 신박한 비유를 만날 수 있다. '냉장고 바지'는 여름용 특수 소재로 만든 시원한 바지를 말한다. 냉장고 문을 열자마자 뿜어져 나오는 냉기가 바지 이름에서 자연스레 연상된다. 바지를 냉장고와 연결함으로써 긴 설명 없이도 제품의 속성을 효과적으로 전달한다.

이탈리아의 파스타 브랜드 바릴라(Barilla)는 음악 스트리밍 서비스 스포티파이(Spotify)와 협업해 파스타 면 종류별로 플레이리스트 타이머를 공개했다. 흥미롭게도 스파게티, 링귀니, 푸실리 등 각각의 파스타 면을 익히는 데 걸리는 시간과 플레이리스트의 러닝 타임이 딱 맞아떨어진다. '파스타를 요리하는 시간'을 '음악을 듣는 시간'으로 치환한 셈이다. 파스타 조리 과정을 음악 감상이라는 행위에 절묘하게 비유하다니. '맛있는 파스타는 음악과도 같다'는 문장이 떠오르는 마케팅이다.

폭스바겐의 '비틀(Beetle)'이란 자동차는 이름부터 디자인까지 '딱정벌레'라는 명확한 콘셉트를 가지고 있다. 자동차를 딱정벌레에 정교하게 비유한 것이다. 비틀을 설명하기 위해선 많은 말이 필요하지 않다. 딱정벌레라는 한 단어만으로 충분하다. 설명이 단순할수록 제품에 대한 이해는 명확해지고, 매력은 뚜렷해진다. 비틀은 역사상 2000만 대 넘게 판매된 세계 최초의 자동차로 기록될 만큼 큰 인기를 끌었다. 브랜딩이 걱정이라면, 콘셉트가 고민이라면, 새로운 비유를 생각해 보자. 그것만으로도 근사한 크리에이티브가 시작된다.

독특하고도 재미난 비유를 찾고자 한다면 'A=B' 공식을 추천한다. 비유하고자 하는 대상을 A에 두고 얼핏 상관없어 보이는 다양한 단어를 B에 넣어보는 식이다. 그리고 완성한 문장에 논리적인 이유를 덧붙이다 보면 크리에이티브한 비유를 발견할 수 있다. 예를 들어 '이 감귤(A)은 정우성(B)입니다'라는 문장은 보는 순간 헛소리처럼 느껴진다. 하지만 여기에 그럴듯한 설명을 덧붙이는 순간 그 해석은 사뭇 달라진다. 만약 '이 감귤은 정우성입니다. 너무 잘생겼거든요'라고 말한다면, 감귤의 생 김새를 멋진 배우에 비유한 것이 된다. 엉뚱한 접근이지만, 감귤을 의인화했다는 점에서 나름의 재치가 느껴진다. 이처럼 말이 안 되는 비유를 말이 되게끔 만드는 노력은 카피로 이어진다.

Insight Summary ◦ **재미난 비유를 만드는 'A=B' 공식**

바지＝냉장고 (시원하다)

파스타 면＝플레이리스트 (소요 시간)

폭스바겐 '비틀'＝딱정벌레 (모양)

문보영 시인이 시 쓰기를 삽질에 비유한 것처럼, 카피 쓰기도 일종의 삽질에 가깝다. 생각의 범위를 넓히고 시선을 색다른 곳으로 돌리며 예상치 못한 곳을 파고 또 파다 보면 보석처럼 빛나는 아이디어를 만나게 된다. 새로운 크리에이티브를 찾기 위해선 성실한 삽질이 선행되어야만 한다. 그러니까 지금 이 순간 책상 앞에 앉아 키보드를 두드리고 있다면, 자신만의 글이나 생각에 골똘히 집중하며 머리를 퉁퉁 치고 있다면, 이 모든 고민이 삽질처럼 느껴진다면, 잘하고 있는 것이다. 모든 노력은 삽질 끝에 결실을 맺게 되니까.

비유는 헛소리처럼 들릴수록
더욱 강력해진다.
이상하게 느껴진다면 더더욱 좋다.
익숙한 대상을 낯선 개념에 비유하는 순간
호기심이 커지고 공감대가 형성된다.
임팩트가 생긴다.

문학적이고도
아름다운 헛소리

술 마시며 시를 읽는 팟캐스트 〈시시알콜〉을 8년째 진행하고 있다. 시집에 어울리는 술을 골라 흥청망청 잔을 부딪치는 음주 낭독 방송이다. 읽기 어려웠던 시가 술의 힘으로 술술 이해되는 마법을 녹음할 때마다 경험한다. 그만큼 시를 더욱 좋아하게 됐다.

우리 방송에 박소란 시인이 출연한 날이었다. 제주도 전통주인 고소리술을 마시며 시를 낭독했는데 취기가 오르고 흥이 오르자 같이 방송을 진행하는 아내가 버럭 화를 냈다.

"시인님! 시가 너무 슬프잖아요! 술이 계속 들어가잖아요!"

정말이지 그의 시는 읽는 족족 눈물을 떨구게 하고 술을 찾게 한다. 박소란 시인의 《심장에 가까운 말》(창비)에 수록된 〈주소〉라는 시에는 이런 문장이 있다.

내 집은 왜 종점에 있나
(중략)
그러니 모두 내게서 서둘러 하차하고 만 게 아닌가

이별을 한 번이라도 겪어본 사람이라면 가슴이 찌르르 해질 수밖에 없다. 인연의 종점에서 작별 인사를 하던 날이 생생하게 떠오르고, 나로부터 서둘러 하차한 이들의 얼굴이 또렷하게 생각난다. 어느새 나는 버스 종점에서 내려 황망한 마음을 안고 집으로 돌아가는 사람이 된다.

시를 곱씹어 읽으면 이별의 까닭을 은연중에 집의 위치 탓으로 돌리고 있다는 사실을 알 수 있다. 하지만 종점이 아닌 곳으로 이사를 간다고 해서 헤어짐을 피할 수 있는 것은 아니다. 집의 위치가 이별의 결정적인 원인일 리도 없다. 수많은 사건이 켜켜이 쌓여, 결국엔 명확한 이유조차 알 수 없는 상태에서 우리는 갈라선다. 그럼에도 헤어진 이유를 버스 종점에서 찾는 사람의 마음은 허망하고, 막막하며, 서글프다. 아니란 걸 알면서도, 무언가를 애써 탓하는 간절함이 느껴진다. 남 탓은 나쁘다지만, 어떤 남 탓은 가슴 시리게 다가온다.

이런 '문학적인 남 탓'은 다른 시에서도 볼 수 있다. 지금은 종영된 MBC 라디오 〈잠 못 드는 이유 강다솜입니다〉에서 팟캐스트와 동명의 코너로 시와 술을 소개한 적이 있다. 그때 《오늘까지만 함께 걸어갈》(시인동네)에 수록된 홍순영 시인의 〈기울어지는 세계〉라는 시를 낭독했다.

> 지구가 태양 쪽으로 비스듬히 기울어 있다는데
> 제가 기울지 않을 재간 있나요
> (중략)
> 당신이 나를 삐딱하게 본대도
> 이젠 아무렇지도 않을 것 같아요

미국 드라마 〈빅뱅 이론〉의 등장인물 중 하나인, 세상을 철저히 과학적으로만 분석하는 셸든이 이 시를 읽는다면 난색을 표할 것이다.

"무슨 소리야! 지구의 기울기는 대략 23.5도지만 중력의 영향으로 이를 체감할 수 있는 사람은 없으며 지구의 기울기가 인간의 정서에 영향을 끼친다는 학계의 발표는 현재까지 전무하다고!"

뼛속까지 문과생인 나는 이에 맞서 항변한다.

"하지만 지구인의 마음이란 때론 과학적으로 설명할 수 있는 게 아니라고!"

조금씩 비뚤어지는 나의 몸과 마음이 다 지구 탓이라고 생각하면, 나 말고도 다들 그렇게 살고 있다고 상상하면, 어쩐지 삐딱한 내 모습이 틀린 게 아닌 것만 같다. 비과학적인 주장에 잠시 마음을 맡겼을 뿐인데, 기분이 한결 나아진다. 자신의 잘못을 상대에게 떠넘기는 남 탓은 위험하지만, 그 대상이 특정인이 아닌 다른 무언가로 대체되는 순간 남 탓은 신기하게도 위로가 된다. 부정적인 남 탓은 분노를 유발하지만, 창의적인 남 탓은 감정을 환기한다.

나는 시인이 아닌 카피라이터지만, 시인의 생각을 참고

해 글을 쓸 수는 있다. 카피 쓰기든 다른 형태의 글쓰기든, 가끔
은 시인처럼 써보는 게 도움이 된다.

#Copy
가끔씩,

누군가에게 기대고 싶은 건

당연한 일입니다

지구가 23.5도로 기울어져 있는데

어떡하겠어요

시인의 지구 탓을 떠올리며 회사 디지털 매거진에 쓴 카
피다. 누군가에게 기대고 싶지만 망설여질 때가 있다. 내 몸을
기울여 상대의 어깨에 머리를 얹는 행위가 부담스럽게 느껴지
진 않을까 조바심도 든다. 하지만 그런 감정을 은근슬쩍 기울어
진 지구 탓으로 돌리면 타인에게 기대는 행위가 전혀 다른 의미
로 다가온다. 지구가 기울어져 있으니까, 다들 그런 거니까, 그
럴 수도 있는 거니까. 기울어진 지구에서 태어난 우리의 마음이
이따금 타인에게 기우는 건 당연한 일일지도 모르겠다.

좋은 멘토는 우리가 나아가야 할 삶의 방향을 제시한다. 글을 쓰고 아이디어를 떠올리는 일에도 멘토가 필요한 이유다. 누군가가 앞서 걸어간 생각의 길을 뒤따라가다 보면 새로운 방법이 보인다. 나에겐 시인들의 문장이 그렇다. 그들의 시를 읽으며 울고, 웃고, 아리송해하면서도, 한순간도 메모를 멈추지 않는다. 지구가 기울어져 있는 만큼 시인들의 상상력에 내 몸과 마음을 슬쩍 기대본다. 고독하고 험난한 아이디어와의 싸움에서 가끔은 타인에게 기댈 수 있다는 사실만으로도 마음이 든든해진다.

글을 쓰고 아이디어를 떠올리는 일에
시는 좋은 멘토가 되어준다.
시인이 아니더라도 시인의 생각을 참고해
글을 쓸 수는 있다.
카피 쓰기든, 다른 형태의 글쓰기든,
가끔은 시인처럼 써보는 게 도움이 된다.

카피를 쓰다가 화가 날 땐,
차라리 화가가 되자

"승용아, 좋은 연필 사면 왠지 좋은 카피 쓸 수 있을 것 같지 않아?"

회사 근처 편집숍 한편에는 연필과 연필깎이가 정갈하게 놓여있었다. 한 자루에 삼천 원 정도 하는 새 연필로 카피를 끄적이는 내 모습이 떠올랐다. 장인은 도구를 탓하지 않는다지만 뛰어난 장인 곁엔 대개 훌륭한 도구가 있는 법! 그럴듯한 연필 한 자루쯤 있어야 카피라이터 티라도 낼 수 있지 않을까, 라는 생각도 들었다. 흐뭇한 표정으로 연필을 사는 나에게 선배는 한마디를 더했다.

"그래도… 카피는 잘 안 써지더라…."

고생도 먼저 해본 사람이 선배라고 했던가. 그의 말은 하나도 틀리지 않았다. 새 연필로 카피를 쓰겠다는 나의 큰 그림은 금세 희미해졌다. 정신을 차려보니 카피에 대한 고민을 잔뜩 담아 노트 위에 추상화를 그리고 있었을 뿐. 그래도 종이 위를 스치는 필기감이 꽤나 훌륭해서 낙서를 하는 내내 묘한 위로를 받기는 했다. 크, 좋은 연필은 뭐가 달라도 다르네. 이러려고 산 연필은 아니었지만….

연필에는 크게 두 가지 기능이 있다. 쓰거나, 그리거나. 나의 연필은 쓰기에 골몰했으나 대체로 실패했으며 그리기조차 한없이 엉성했지만 이런 연필의 효용을 동시에 훌륭하게 선보인 사람도 있다. 주인공은 20세기 프랑스의 시인인 기욤 아폴리네르다. 그는 한 편의 그림 같은 시를 쓰며 캘리그램(calligram)이라는 장르를 개척한 인물이다. 시를 그린다는 게 조금 생뚱맞게 들릴 수도 있지만 그의 작품은 마주하는 순간 '쓰다'보다 '그리다'라는 동사가 먼저 떠오른다.

그는 연정을 가득 담은 문장을 한데 모아 밀짚모자를 쓴 여성의 얼굴을 그려내거나 텍스트를 차곡차곡 쌓아 올려 에펠탑의 모습을 형상화한다. 글자를 비주얼 요소로 바라본 시선이 놀랍고 텍스트의 또 다른 가능성을 엿볼 수 있어 신선하다. 글과 그림을 한 몸처럼 해석한 그의 작품은 글꼴을 시각화하는 타이포그래피 장르에 혁신적인 영향을 미쳤고, 텍스트의 가능성을 넓히는 계기가 되었다.

텍스트로 그려낸 그림은 지금껏 본 적 없는 이미지를 만들어낸다. 런던에서 집행한 맥도날드의 옥외 광고는 캘리그램을 현대적인 방식으로 해석한 사례다. 광고는 맥도날드의 아침

메뉴인 맥머핀을 극단적으로 심플하게 보여준다. 먹음직스러운 햄버거 사진을 보여주는 대신 맥머핀을 구성하는 재료 순서 그대로 단어를 겹겹이 쌓아 올린다. 또 각 재료의 컬러를 단어마다 입혀 이것이 맥머핀이란 사실을 맛깔나게 알린다.

Muffin 머핀

Egg 계란

Sausage 소시지

Cheese 치즈

Muffin 머핀

광고 속 '텍스트 햄버거'는 신기하게도 실제 맥머핀을 연상시킨다. 보통의 광고가 제품의 이미지를 직접적으로 보여주는 것과 달리 이 광고는 전하고자 하는 비주얼을 소비자가 스스로 상상하게 한다. 제품의 장점을 일방적으로 주입하는 기존의 광고에서 벗어나 소비자 스스로 제품을 유추하도록 하는 참여형 광고를 선보인 셈이다. 사진 한 장 없이 카피 몇 줄만으로도 맛있는 음식을 더욱 맛있게 그려낼 수 있다.

텍스트는 텍스트로만 머무르지 않는다. 점과 선이 아닌

글자로도 그림을 그릴 수 있다. 지우개 광고를 카피로만 구성한다면 어떨까? 제품의 뛰어난 효과를 글자에 적용할 수도 있다.

나의 새로운 흑역사

'흑'이라는 글자가 살짝 지워지는 모습에서 지우개의 특성이 자연스레 느껴진다. 여기에 '깨끗하게 지워드립니다, ○○ 지우개'와 같은 카피를 더한다면 흑역사까지 말끔하게 지워줄 만큼 뛰어난 지우개가 될 것이다. 카피에 제품의 특성을 부여하기만 해도 독특한 비주얼이 태어난다. 무엇이든 붙여버리는 접착제의 강력함을 띄어쓰기없는문장으로전달하거나, &*오타가 < 가득하느한 카!@피를 보여주면서 도리어 정확도가 높은 키보드의 필요성을 강조할 수도 있다.

텍스트는 생각보다 더 많은 것을 그려낸다. 그림보다 더 많은 의미를 글에 압축적으로 담아내는 것도 가능하다. '번거롭게 요리하지 말고, 간편하게 음식을 주문하세요'라는 내용을 한 장의 사진으로 표현하는 건 만만치 않아 보인다. 이럴 땐 지난한 요리 과정을 카피만으로 설명하는 게 더 효율적이다.

맛있는 치킨 먹는 법

집에서 기름을 끓인다. 치킨을 넣는다. 실수로 기름이 튄다. 화상을 입는다. 기름이 무섭다. 치킨이 두렵다. 눈물이 난다. 더 이상 치킨을 먹지 않겠다고 다짐한다.	vs	손가락 하나로 맛있게 주문한다.

배달 애플리케이션을 홍보하는 옥외 광고를 이렇게 구성한다면 어떨까. 왼쪽은 복잡한 요리 과정을 장황한 텍스트로 묘사하는 반면 오른쪽은 심플한 문장으로 서비스의 간편함을 직관적으로 보여준다. 텍스트의 부피 차이가 이미지처럼 다가온다. 글이나 카피의 확장명은 '.txt'에서 '.jpg'로 언제든지 바뀔 수 있다. 그 사실을 인지하는 순간 카피라이팅의 스펙트럼은 더욱 넓어진다.

손에 쥔 연필로 열심히 낙서를 한 덕분에 이제 나는 연필로 할 수 있는 게 비단 글쓰기만이 아님을 안다. 카피를 쓰는 건 여전히 쉽지 않지만 그럴 때마다 카피를 그려낼 수도 있다는 사실을 잊지 않으려고 한다. 글과 그림은 결코 어색한 사이가 아니다. 멋진 그림은 때론 멋진 글임을 알게 되었으니까. 나는 연필을 손에 쥐고 아이디어의 밑그림을 차근차근 스케치한다. 기욤 아폴리네르가 남긴 말처럼 "나 역시 화가다"라고 스스로에게 되뇌어 본다. 글로 그림을 그리려는 노력처럼 얼핏 불가능해 보이는 일에 도전하다 보면 새로운 해답이

하늘에서

　　툭

　　떨

　　어

　　질

　　지

　　도

　　　모르니까.

오답에서 찾아낸
새로운 Oh! 답

　　기분이 울적할 때마다 종종 찾아보는 영상 클립이 있다. 2013년 MBC 예능 프로그램 〈무한도전〉에서 진행한 '유재석 TV 행쇼' 에피소드다. 유재석 씨가 토크쇼 진행자가 되어 이상한 능력을 지닌 사람들을 소개하는 이 코너는 나에겐 시간이 흘러도 여전히 웃긴, 볼 때마다 웃음이 터지는 올타임 레전드다. 여러 출연자 중에서도 가장 인상적인 건 정형돈 씨가 연기한 '뭐든지 반대로 하는 청개구리 사나이'다. 그는 콘셉트에 걸맞게 어떤 질문이 나오든 막무가내로 "아니!"를 외친다.

　　"청개구리 남자, 나와주세요!" "아니! 안 나갈 건데!"
　　"그럼 거기 계실 거예요?" "아니! 갈 건데!"

이후 정형돈 씨는 짧은 시간 동안 목청 높여 "아니!"를 거듭 외친다. 몇 살 때부터 반대로 살기 시작했냐는 유재석의 질문에 "아니! 나는 처음부터 이랬는데!"라고 대답하고, 태어나면서부터 그랬던 거냐고 되물으면 "아니! 난 안 태어났는데!"라고 억지를 쓰는 식이다.

'청개구리 사나이'의 "아니!"가 다시 들려온 건 시집을 읽고 있을 때였다. 이문재 시인의 《지금 여기가 맨 앞》(문학동네)을 한 페이지씩 넘기다 보니 나도 모르게 정형돈 씨의 우렁찬 목소리가 떠올랐다. 시인은 익숙하고도 당연한 사실을 남들과는 반대로, 전혀 다른 방식으로 해석하고 있었다. 시집에 수록된 〈바닥〉이라는 작품에는 다음과 같은 구절이 있다.

땅바닥은 없다.

(중략)

정확하게 말하자면

땅바닥 땅의 바닥은

하늘의 바닥 하늘바닥이다.

사실 모든 땅바닥은

땅의 바닥이 아니고

지구의 정수리다.

청개구리 사나이라면 '땅바닥'이란 말을 듣자마자 "아니! 이거 땅바닥 아닌데! 하늘바닥인데!"라고 외치지 않았을까? 그런데 여기엔 부인할 수 없는 시적 진실이 존재한다. 바닥이란 본래 물체의 밑부분을 뜻한다. 시인의 해석처럼 우리가 두 발을 딛고 서있는 곳은 땅바닥이라기보다는 하늘의 바닥이자 지구의 정수리에 더 가까울지도 모른다. 당연한 것을 당연하지 않게, 평범한 단어를 평범하지 않게 재해석하는 시인의 생각은 익숙한 세상을 지금과는 다른 시선으로 바라보게 한다.

이런 발상의 전환은 해당 시집의 다른 시, 〈사막〉에서도 드러난다.

사막에
모래보다 더 많은 것이 있다.
모래와 모래 사이다.

사막에는
모래보다

모래와 모래 사이가 더 많다.

모래와 모래 사이에
사이가 더 많아서
모래는 사막에 사는 것이다.

오래된 일이다.

"아니! 사막에는 모래가 제일 많은 게 아닌데! 모래랑 모래 사인데!"라고 외치는 청개구리 사나이의 외침이 들려오는 것만 같다. 하지만 〈무한도전〉과는 다르게 이 시에선 웃음이 아닌 묵직한 감동이 전해진다. 시는 무수한 모래알을 지탱하는 게 그보다 더 많은 '사이'라는 사실을 깨닫게 한다. 모래알처럼 많은 사람이 존재할 수 있는 것도, 다 함께 무언가를 해낼 수 있는 것도 모두 사람들이 만들어 내는 '관계' 속에서 피어나는 것이라고. 셀 수 없이 많은 '사이'가 있기에 사이좋은 세상을 꿈꿀 수 있는 것이라고. 오래전부터 우리는 그렇게 살아왔으며 앞으로도 그럴 것이라고 시인은 말한다. 눈에 보이지 않는 '사이'의 가능성에 대한 시적이고도 아름다운 해석이다. 이렇듯 근거 있는 "아니!"는 "아니… 이런 생각을 할 수 있다고요?"와 같은 반응으로 이어진다.

사람들의 고정관념을 뒤흔드는 메시지를 만들고 싶다면 일단 청개구리 사나이처럼 세상 모든 것에 "아니!"를 외치는 자세가 필요하다. 그렇게 눈을 반쯤 뜬 채 당연한 것들을 성실하게 의심하다 보면 예상외의 빈틈을 찾을 수 있다. 여기에 자신만의 논리적인 해석을 덧붙이다 보면 근사한 인사이트를 얻게 된다.

'기념일'은 축하하거나 기릴 만한 일이 있는 날을 의미한다. 그만큼 특별하고도 대단한 날처럼 느껴진다. 그런데 평범한 하루를 기념할 수는 없는 걸까? 나의 주변에는 칭찬 일기를 쓰는 친구들이 있다. 그들은 설거지를 미루지 않은 것, 주문한 물건이 빨리 배송된 것, 맛집을 찾은 것, 늦잠을 자지 않은 것 등을 차곡차곡 기록하며 일상 속에서 보람찬 순간들을 찾아낸다. 친구들은 남들이 보기엔 사소한 것이라도 칭찬할수록 기분이 좋아진다고 말한다. 그들의 말처럼 일상을 소중하게 만드는 건 어쩌면 별것 아닌 것까지 특별하게 바라보는 마음일지도 모른다. 그리고 매일매일 기념할 게 가득한 하루를 보낸다면, 365일을 기념일처럼 살 수도 있을 것이다.

늦잠을 자지 않은 걸

택배가 제때 도착한 걸

숨겨진 맛집을 찾은 걸

기념할 수 있는 모든 걸

마음껏 기념해 보세요

특별한 날이라서

기념하는 게 아니라도

기념할 수만 있다면

모두 특별한 날이 되니까

"기념일이 정해져 있다고? 아니! 기념할 수만 있으면 다 특별한 날이고 기념일인데!" 당연한 개념에 질문을 던지고 여기에 나름의 해석을 더하면 위와 같은 카피를 완성할 수 있다. 온라인 쇼핑 플랫폼에서 이런 카피를 활용한다면, '특별한 날이 아니라도, 선물할 수 있다면 모든 날이 기념일'이라고 이야기하며 여러 물건들을 추천할 수도 있겠다.

망가진 책을 복원하는 '재영 책수선'을 운영하는 배재영 씨의 인터뷰를 읽은 적이 있다. 낡고 파손된 책을 꼼꼼히 관찰하고 이를 새롭게 다듬는 과정도 흥미로웠지만, 나를 매료시킨 건 책을 바라보는 그만의 독특한 관점이었다.

"파손은 오히려 책에 주어진 훈장 같아요. 많은 사람에게 사랑받았을 시절을 떠올리니, 책의 인생이 썩 나쁘지 않았겠단 생각이 들었거든요."

누군가 페이지를 수없이 펼치고, 넘기고, 만져보지 않았다면, 책은 깨끗한 상태로 보존되었을 것이다. 손때가 묻어 내지가 뜯겨나가는 등 너덜너덜해진 책에는 애정과 관심이 고스란히 묻어있다. 그에게 파손된 책은 버려야 할 것이 아니었다. 그는 망가진 책에서 사랑의 흔적을 읽어냈고, 그 흔적을 더듬으며 한 권의 책에 새로운 생명을 불어넣었다. 낡고 해진 책을 매만지는 섬세한 시선이 느껴지는 인터뷰였다.

※ 김승우, 〈재영 책수선 : 파손의 흔적은 책의 쓸모를 보여준다, 사람도 그렇다〉, 《롱블랙》, 2022.4.23.

책 수선가가 망가진 책을 복원한다면, 카피라이터는 모두가 오답이라고 생각하는 개념을 또 다른 정답으로 바꾸기 위해 애를 쓴다. 당연한 것에 "아니!"라고 소리치며 얼핏 보기엔 망가진 문장을 매끄럽게 만들기 위해 용을 쓴다. 오답에는 새로운 정답이 될 수 있는 가능성이 숨어있다. 카피라이팅은 세상이 정해준 답을 거부하며 매력적인 오답을 만들어가는 여정이다. 오답은 언제든 Oh! 답이 될 수 있다. 땅바닥이 지구의 정수리가 될 수 있는 것처럼.

우린 마치 한의사,
한 방이 있는 카피를 처방하지

누군가는 슬플 때 힙합을 춘다면, 나는 울적할 때 힙합을 종종 듣는다. 강렬한 비트와 랩을 듣다 보면 스르르 스트레스가 풀리고 기분도 한결 좋아진다. 랩 가사를 곱씹으며 '펀치라인'을 찾는 것도 즐겁다. 중의적인 단어를 절묘하게 활용한 펀치라인은 리스너의 가슴에 펀치를 꽂는 힙합의 매력 요소다.

타이슨에 버금가는 핵펀치라인으로 내 가슴을 사정없이 두드리는 뮤지션은 타블로다. 그는 다양한 동음이의어를 적재적소에 활용하며 유니크한 랩 가사를 쓴다. 에픽하이 〈Still Here〉에는 이런 가사가 있다. "의심은 제라드의 중거리 슛처럼 '골'로 보내" 축구에서 득점을 뜻하는 'goal'과 '죽이다'를 속되게 이르는 표현인 '골로 보내다'를 센스 있게 합친 펀치라인이다. 의심을 힘 있게 걷어차겠다는 다짐과 회의적인 감정을 없애겠다는 의지가 동시에 느껴진다.

서바이벌 오디션 프로그램 〈K팝스타〉에서 악동뮤지션, 방예담, 그리고 에픽하이가 함께 부른 〈Don't Hate Me〉에서도 타블로의 펀치라인은 빛을 발한다. "1등 2등 3,4등 없는 게 꿈이니까 숫자 빼면 다 어둠을 밝힐 등이니까." 순위를 나타내는 단위인 '등(等)'과 어두운 곳을 밝히는 조명으로서의 '등(燈)'의 발음이 같은 것을 활용한 가사다. 순위가 중요한 서바이벌 오디션 프로그램이지만, 그럼에도 등수에 연연하지 말자는 메시지가 느껴진다. 따뜻한 위로를 전하는 그의 펀치라인은 랩을 넘어 문학작품 속 문장처럼 느껴지기도 한다

임팩트 넘치는 펀치라인은 힙합뿐만 아니라 시에서도 찾아볼 수 있다. 오은 시인은 《유에서 유》(문학과지성사)에 수록된 〈척〉이라는 시에서 힙합의 요소를 문학의 영역으로 가져온다. 그의 시는 "내 이름은 척(Chuck)이니까, 오늘도 아닌 척하며 살고 있지"라는 펀치라인 같기도 하다.

내 이름은 척Chuck이야

어느 날, 나는 나 자신에게 나를 소개했다

내가 나를 알은척하듯

내가 모르는 나를

실은 알지만 애써 모르는 척했었던 나를

내 이름은 척이니까

잠시 척이 아닌 척했었던 거지

아니 잠시만 척인 척했었던 거지

언어유희로 시작하는 가벼운 자기소개는 연을 거듭할수록 그 의미가 묵직해진다. 살다 보면 한 번쯤 괜찮은 척, 좋아하는 척, 슬프지 않은 척, 즐거운 척, 착한 척을 하게 될 때가 있다. 시를 읽다 보면 우리 모두 척(Chuck)이란 이름을 숨긴 채 살아가고 있다는 사실을 새삼 깨닫게 된다. 시적인 펀치라인은 독자의 마음을 두드리며 뭉클한 감동을 전한다.

래퍼와 시인뿐만 아니라 카피라이터 역시 펀치라인을 즐겨 활용한다. 갤럭시 워치4 광고 캠페인을 준비할 때였다. 워치의 원형 디자인을 효과적으로 강조하는 카피가 필요했다. 원이 들어가는 온갖 단어들을 찾다 보니 'One&Only'라는 영어 표현이 떠올랐다. 나는 '원&Only'라는 중의적 의미의 문장을 회의실로 가져갔고, 선배는 라임을 한껏 살린 '우리가 원하던 원'이라는 카피를 제안했다.

#Copy
우리가 원하던 원&Only_갤럭시 워치4

팀장님과의 논의 끝에 우리는 두 개의 문장을 하나로 합쳤다. 덕분에 제품의 독보적 매력을 알리는, 펀치라인 같은 한 줄 카피가 탄생했다.

펀치라인을 활용한 카피라이팅의 필수품 중 하나는 국어사전이다. 사전은 펀치라인의 씨앗을 가득 머금은 비옥한 토양과도 같다. 나의 경우엔 다루는 대상과 연관된 단어를 최대한 많이 메모장에 적은 다음 국어사전에서 이것들을 차례차례 검색한다. 각 낱말의 여러 뜻과 용례를 읽으면서 중의적인 표현이 어떻게 활용되는지 꼼꼼히 체크하다 보면 카피라이팅의 힌트를 발견할 수 있다.

사전에는 '듣다'라는 동사의 여러 의미가 일목요연하게 정리되어 있다. 첫 번째로는 외부의 소리를 감각한다는 의미다. 누군가의 목소리에 귀를 기울이고 이를 받아들이는 상태를 통틀어 '듣다'라고 표현한다. 그다음으로는 약 등의 효과가 좋다는 의미다. '두통약이 잘 듣다'라고 이야기하는 식이다. 이렇게 '듣다'라는 단어의 여러 뜻을 파악했다면, 이 두 가지를 펀치라인처럼 하나의 문장에 합쳐볼 수도 있겠다.

#Copy
잘 듣는 약은 병을 고치고
잘 듣는 사람은 마음을 고칩니다
사람도 약이 됩니다
잘 듣기만 해도

'듣다'라는 단어를 사전에서 꼼꼼히 살펴보면서 완성한 카피다. 마음이 다쳤을 때 가장 필요한 존재는 아무 말 없이 나의 고민에 고개를 끄덕여주는 사람이다. 조용히 내 옆을 지키며 한 손을 꼭 잡아주는 사람이 세상 무엇보다 소중할 때가 있다. 그리고 누군가의 이야기를 묵묵히 들어주는 사람은, 잘 듣는 약처럼 사람의 마음을 낫게 한다.

한동안 인류는 달의 앞면밖에 볼 수 없었다. 달의 자전 주기와 공전 주기가 일치하기 때문이다. 달의 뒷면을 보는 방법은 단 하나, 지구를 벗어나 우주로 나아가는 것이었다. 과학자들은 수많은 시도 끝에 우주 탐사선을 만들었다. 달의 이면에 대한 열망이 과학의 진보로 이어진 것이다. 국어사전을 펼칠 때마다, 새로운 동음이의어를 만날 때마다, 나는 달의 뒤편을 궁금해하던 사람들의 마음을 떠올린다. 단어의 이면을 탐색하는 우주선이 된 기분으로 새로운 문장을 고민한다. 그렇게 나는 단어 속에 숨겨진 또 다른 의미를 끊임없이 나아간다. 더 멋진 펀치라인을 만나게 될 때까지. 나만의 카피를 쓸 수 있을 때까지.

카피라이팅은
뜨거운 아이스 아메리카노처럼

친구들과 함께 소 곱창에 소주를 먹을 때였다. 기름기 가득한 곱창이 노릇노릇 익어가고, 불판 위에선 연기가 뭉게뭉게 피어나고, 소주는 꿀꺽꿀꺽 들어가고, 우리는 하하호호 취해갔다. 조금은 불콰해진 얼굴로 곱창을 씹던 친구는 상기된 목소리로 외쳤다. "크… 역시 기름으로만 풀리는 피로가 있다니까! 지용성 피로!" 취기가 올라온 친구의 헛소리 같은 한마디였지만 그 말에는 묘한 매력이 있었다. "오늘은 소 곱창이 피로회복제네!" 우리는 시시콜콜 신나게 잔을 부딪쳤다.

그날 술자리에서 친구들과 무슨 얘기를 나눴는지는 잘 기억나지 않는다. 술을 많이 마셨고 곱창이 맛있었고 흥청망청 즐거웠다는 것 정도가 어렴풋이 떠오를 뿐이다. 하지만 '지용성 피로'라는 표현은 여전히 내 머릿속에 뚜렷하게 남아있다. 지금 껏 본 적 없는 단어의 조합이 신선하게 다가왔기 때문이다. 비 타민 등에 주로 사용되는 '지용성'이란 말은 기름에 잘 녹는 성 질을 의미하는 화학 용어다. 그런데 전혀 상관없는 '피로'라는 단어와 합쳐지는 순간 우리의 머릿속에선 재미난 화학 반응이 일어난다. 스르르 기름기에 녹는 피로가 있다고? 이게 뭔 소리? 두 눈이 커지고 두 귀가 쫑긋해진다. 생뚱맞은 단어 뒤섞기는 종종 강렬한 인상을 남긴다. 만취한 내가 스마트폰을 꺼내 황급 히 메모를 하게 될 만큼.

봉준호 영화감독은 "서로 섞일 수 없는 아주 이질적인 것 들을 한 화면에 섞어놓는 것을 좋아한다"고 밝힌 바 있다. 실제 로 그의 영화에는 이런 면모가 자주 드러난다. 영화 〈괴물〉에서 는 평화로운 한강을 배경으로 뜬금없이 괴물이 나타난다. 일상 적인 공간을 괴물이 파괴하자 놀라움은 더욱 커진다. 〈옥자〉에 서는 강원도 산골 출신의 한국인들이 뉴욕 도심을 활보한다. 이 엉뚱한 상황은 영화에서 독특한 분위기를 자아낸다. 이질적인 존재들이 하나의 화면에 중첩되면 여러 가지 감정을 한번에 불 러일으킨다. 그 과정이 복합적일수록 작품에 대한 감상은 다층적으로 변한다.

카피라이팅은 이색 비빔밥 만들기와 비슷하다. 평범한 단어에 낯선 단어를 더하고 볼펜으로 맛깔스럽게 버무리기만 해도 근사한 카피 한 상이 차려진다. 온라인 쇼핑몰에는 '무중력의자'나 '무중력베개'와 같은 표현이 심심찮게 보인다. 과학 용어인 '무중력'과 일상적인 사물의 생뚱맞은 결합이 눈길을 끌고 대체 얼마나 푹신하길래 중력을 느끼지 못하게 하는지 궁금해진다. '노브랜드(No Brand)'는 2015년 이마트에서 론칭한 자체 브랜드다. 브랜드가 아니라고 말하는 브랜드라니? 아이러니한 네이밍이지만, 그래서 관심이 간다. '브랜드가 아니다. 소비자다.' 노브랜드의 슬로건을 읽어보면 어느새 고개가 끄덕여진다. 브랜드 거품을 없애고 소비자의 편에서 합리적인 제품을 선보이겠다는 의지가 강하게 느껴진다.

김민정 시인의 《아름답고 쓸모없기를》(문학동네)이란 시집 제목은 '아름다움'과 상관없어 보이는 '쓸모없음'이 한 문장에 나란히 존재하면서 매력적인 위화감을 자아낸다. 서둘러 시집 페이지를 넘기며 그 내용을 읽고 싶게끔 독자를 유혹한다. 게다가 제목을 곱씹어 읽다 보면 우리 곁의 소중하고도 무용한 것들이 하나둘 떠오른다. 내 방에 잔뜩 붙은 포스터도, 여행지에서 사 모은 마그네틱 기념품도, 하루 만에 시들어버릴 꽃도, 모두 대단히 실용적이지는 않다. 하지만 쓸모없고도 아름다운 것들이 없다면 잠시나마 위로를 얻거나 여행지의 추억을 선명히 떠올리기 힘들 것이다. 문학적인 단어 뒤섞기는 그 속에 담긴 의미를 되새기게 하고 나아가 삶을 바라보는 새로운 관점까지 제시한다.

　　임팩트 있는 문장을 완성하고 싶다면 다루는 주제와 사뭇 어색해 보이는 단어를 찾는 게 도움이 된다. 이것들을 쭉 펼쳐놓고 차례대로 조합하기만 해도 재미난 표현의 가능성을 엿볼 수 있다. '시원한 냉면'을 재미나게 표현하고 싶다면 반의어인 '뜨겁다'를 덧붙여 보는 식이다. '가슴속을 뜨겁게 만드는 시원한 냉면!'과 같은 문장을 완성할 수도 있겠다. 크! 뜨거운 감탄사를 내뱉으며 냉면을 시원하게 먹는 누군가의 모습이 떠오른다. '지금'과 대척점에 서있는 '미래'를 한 문장에 욱여넣으면 '지금 만나는 미래, ○○ 테크놀로지'와 같은 슬로건이 태어난다. 동시대에 가장 진보한 기술을 세련되게 말하는 카피처럼 느껴진다. '잠깐'과 '영원'을 한데 뭉치는 것도 충분히 가능하다. '잠깐 마주한 순간, 영원히 기억될 디자인'이라는 카피를 쓴다면 눈길을 사로잡는 강렬한 디자인을 효과적으로 강조할 수 있다. 그리고 가볍게 웃어넘기던 '헛소리'에 고상한 '품격'을 덧붙이면? 이 책의 제목인 《헛소리의 품격》이 된다! 지금 이 순간 타이틀에 이끌려 이 책을 읽는 독자가 있다면 나의 단어 뒤섞기 전략이 꽤나 성공적이란 걸 증명하는 셈이다.

카피라이터는 단어와 단어의 어색한 관계에 주목한다. 친밀하고 익숙한 것에 황당하고도 당황스러운 개념을 슬쩍 집어넣는다. 당연한 문장보다 엉뚱한 문장을 더 애정하며 이상한 표현을 이상하리만치 수집하는 일도 주저하지 않는다. '뜨거운 아이스 아메리카노' 같은 표현에서 카피라이팅의 단초를 발견하기도 한다. 하지만 이 모든 건 반드시 카피라이터만 할 수 있는 것은 아니다. 예상 밖의 어울림은 예상치 못한 울림으로 이어지고, 이 모든 건 누구에게나 가능한 일이다. 자신만의 문장을 골똘히 고민하고 있는 사람이라면, 누구라도.

예상 밖의 어울림은
예상치 못한 울림으로 이어진다.
이질적인 단어의 조합은
그 속에 담긴 의미를 되새기게 하고
삶을 바라보는 새로운 관점까지 제시한다.

카피 한 줄 없는
카피라이팅?

Q. 카피라이터는 글을 쓰나요? (네 / 아니요)

10년째 이 일을 하면서 찾은 정답은 '네니요'다. 카피라이터는 글을 쓴다. 하지만 카피라이터가 꼭 글만 쓰는 것은 아니다. 그럼 카피라이터는 무엇을 쓰는 사람일까? 여기에 구체적으로 답하기 위해선 '카피'라는 단어를 먼저 짚고 넘어가야 한다. 카피의 사전적 정의는 '광고에서 사용되는 문안'이다. 틀린 설명은 아니다. 하지만 카피는 텍스트로만 존재하지 않는다. 카피라이팅은 사람들의 눈과 귀를 잡아끄는 메시지를 만드는 총체적인 과정이다. 이때 메시지를 구성하는 요소는 생각보다 다양하다. 텍스트는 물론 다양한 기호나 이미지 등도 메시지를 생산하는 도구가 된다. 그리고 광고에선 이 모든 게 한데 어우러지는 일이 매번 일어난다. 한 장의 사진부터 일러스트레이트 비주얼까지, 텍스트부터 텍스트가 아닌 것까지, 멋진 메시지로 이어질 수 있다면 모두 카피의 범주에 들어갈 수 있다. 카피라이터는 글뿐만 아니라 색다른 비주얼이나 상황을 고민하며 크리에이티브를 만드는 사람이다.

　　글이 필요 없는 광고를 고민하거나 임팩트 있는 비주얼을 생각해 내는 것도 충분히 카피라이터의 영역이 될 수 있다. 근사한 이미지를 찾아내는 건 디자이너만 할 수 있는 일이 결코 아니다. 위에 보이는 인쇄 광고는 크로스워드(Crossword)라는 해외 서점에서 집행한 것이다. 텍스트라고는 서점의 명칭과 '오디오 북(audio books)'이라는 심플한 한 줄이 전부지만 해당 서점이 책 낭독 서비스를 제공한다는 사실을 한눈에 알 수 있다. 부드럽게 펼쳐진 책이 바닥에 반사되면서 새빨간 입술을 연상시키기 때문이다.

누군가는 그림을 전공하지 않은 사람이 이런 감각적인 비주얼을 어떻게 생각해 내냐고 반문할지도 모른다. 하지만 그림 실력과는 상관없이 누구나 머릿속에서 이미지를 떠올릴 수는 있다. 누구나 책의 모양을 끈질기게 관찰할 수 있고 입술과 책의 형태적 유사성을 발견할 수 있다. 그러다 보면 "책을 펼쳐 놓은 모습이 입술이랑 비슷해 보이지 않나요?"라는 얘기를 회의실에서 꺼내는 것도 가능할 것이다. 이는 광고의 비주얼을 결정하는 중요한 한마디이자 광고의 중심을 이루는 카피와도 같다.

'맥도날드에서 무료 와이파이를 제공합니다'라는 딱딱한 내용을 이미지적으로 해석한다면 어떨까? 맥도날드는 자사의 감자튀김을 절묘하게 활용해 와이파이 기호를 만들었다.

　이 광고는 특별한 설명 없이도 핵심 내용을 단번에 전달한다. 심플하고도 명확한 비주얼에 구구절절한 설명은 오히려 사족이다. 보는 것만으로도 충분히 이해할 수 있다면 텍스트를 과감히 생략하는 게 더욱 효과적이다. 맛있는 카피라이팅을 위해선 가끔은 펜 대신 짭짤한 감자튀김을 손에 쥐는 게 필요하다.

　덴마크의 장난감 브랜드 레고(LEGO)는 수많은 조립식 블록으로 이루어져 있다. 의자나 자동차부터 헐크와 같은 캐릭터까지, 레고로 만들 수 있는 세계는 무궁무진하다. 어떻게 하면 이 장난감이 지닌 잠재력을 이미지로 표현할 수 있을까?

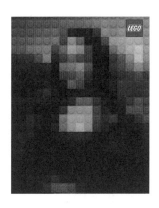

　　홍콩에서 집행한 이 광고는 사각형 픽셀에 색을 넣어 이미지를 구성하는 픽셀아트 기법을 레고로 재구성한 것이다. 레고 브랜드 로고 외에 어떤 설명도 없지만 보는 순간 레오나르도 다빈치의 〈모나리자〉가 떠오르고, 동시에 고전 명화까지 뚝딱 만들어내는 레고의 무한한 가능성을 직감하게 된다. 카피라이터는 글을 넘어 그림에도 끊임없이 곁눈질을 하는 사람이다. 제품의 특징과 잘 어울리는 예술 기법을 찾기만 해도, 다양한 표현 방식에 관심을 가지기만 해도, 근사한 이미지 광고를 생각해 낼 수 있다.

　　나아가 눈빛과 표정만으로 소통하는 절묘한 상황은 몇

줄의 카피로 설명할 수 없는 더 큰 감동을 자아낸다. 노르웨이의 전자제품 스토어 엘샵(Elkjøp)의 크리스마스 시즌 광고에선 삭발을 한 엄마에게 선물을 주는 아이가 등장한다. 항암 치료로 머리가 빠진 듯한 엄마는 설레는 표정으로 포장을 풀고, 곧 까만 헤어드라이어를 집어 든다. 광고의 처음부터 끝까지 어떤 대사도 나오지 않지만 아픈 엄마에게 헤어드라이기를 선물하는 아이의 마음이, 엄마의 건강을 바라는 진심이, 이 모든 상황을 응원하는 브랜드의 시선이 따뜻하게 다가온다. 그리고 영상의 마지막엔 '단순한 선물 그 이상(MER ENN BARE EN GAVE)'이라는 카피 한 줄이 브랜드 로고와 함께 나타난다. 카피라이팅은 단순히 카피를 쓰는 순간만을 의미하지 않는다. 몇 줄의 글로는 채 담아낼 수 없는 경험을 고민할수록 우리는 '단순한 카피, 그 이상'을 만나게 된다. 카피는, 카피 없이 무언가를 전하려는 노력에서 태어나기도 한다.

작곡가 존 케이지의 피아노곡 〈4분 33초〉는 4분 33초 동안 아무것도 하지 않는 게 전부인 곡이다. 1952년, 이 곡을 뉴욕에서 처음으로 선보였을 때 연주자는 피아노 뚜껑을 몇 번 열었다 닫았을 뿐이었다. 그동안 콘서트홀을 가득 메운 관객들의 웅성거림, 빗방울이 지붕을 두드리는 소리, 그리고 주변의 수많은 소음이 공연장을 가득 채웠다. 그의 곡은 피아노를 치지 않는 동안 발생하는 다양한 소리까지도 음악이 될 수 있다는 유의미한 질문을 음악계에 던졌다.

연주를 하지 않는 것조차 연주가 될 수 있다는 발상처럼 카피가 필요 없는 아이디어를 고민하는 것까지도 카피다. 사진도, 그림도, 다양한 예술 기법도, 그래서 카피다. 웃음도, 울음도, 환호성도, 침묵도 모두 카피다. 말없이, 더 많은 말을 전하려는 순간도 분명 카피다. 처음 말한 것처럼 카피라이터는 글을 쓴다. 하지만 카피라이터가 꼭 글만 쓰는 것은 아니다.

성공적으로
실패할 것

카피라이터로 일하면서 내가 가장 많이 쓰는 카피는 '실패한 카피'다. 일필휘지로 카피를 완성한 다음 광고주의 모든 보고 체계를 단숨에 통과하는 일은 화성으로 가서 신인류를 발견할 확률과도 같을 것이다.

"화성 탐사선 발사 10초 전!"
"잠시만요, 광고주 실무가 탐사선 이름을 수정하라는데요?"
"어… 일단 발사 5초 전!"
"잠시만요, 사장님이 로켓 디자인이 마음에 안 든다는데요?"

"으아… 이 광고 찍기로 했잖아요! 발사 3초 전!"

"스톱! 화성보다 목성이 더 심플하고 임팩트 있다는 의견인데요?"

"비상! 비상! 탐사선에 탑승한 광고대행사 직원들이 두통을 호소합니다!"

우여곡절 끝에 우리의 아이디어와 카피를 담은 탐사선이 발사에 성공한다. 하지만 기쁨도 잠시. 우주선은 이내 공중에서 폭발하고 만다. 회사에서 아이디어 회의를 할 때마다, 광고주에게 보고할 때마다, 끝없는 수정 사항을 맞닥뜨릴 때마다, 예고도 없이 프로젝트가 취소될 때마다, 나는 대서양 어딘가로 추락해 물속으로 가라앉는 로켓의 잔해를 상상한다. 치지직. Mission Failed!

이토록 무수한 실패가 도사리고 있는 광고대행사에서 성공을 쟁취하기 위해 카피라이터가 길러야 하는 역량 중 하나는 연기력이다. 무미건조하게 자신이 쓴 카피를 읽는 것보다는 광고 속 상황과 분위기에 맞는 목소리 톤으로 카피를 읊는 게 더 유리하기 때문이다. 이것은 타인을 설득하기 위해 연기마저 불사하겠다는 결연한 다짐이기도 하다. 나와 선배들은 회의실에서 자신의 아이디어를 설명하고자 각종 퍼포먼스를 펼친다. "이 아이디어와 카피로 말씀드릴 것 같으면!" 팀원들은 자신이 꾸린 광고에 출연하는 유명 배우의 목소리를 성대모사하거나 손짓 발짓으로 광고 속 상황을 드라마틱하게 표현한다. 감동적인 분위기를 연출하고자 잔잔한 내레이션 톤으로 카피를 읽거나, CM송이 사용되는 경우엔 마우스를 손에 쥐고 멜로디에 맞춰 카피를 열창한다. 〈쇼 미 더 머니〉에 버금가는 치열한 '쇼 미 더 광고'가 끝나면 동료들의 호응도에 따라 두세 개 정도의 안을 보고용으로 추린다.

그리고 치열하게 만든 광고 아이디어를 광고주에게 보고하는 순간, 본선 무대가 열린다. 여기서부턴 팀장님의 불꽃 연기가 등장한다. 한번은 처음부터 끝까지 원시인이 주인공으로 나오는 광고를 보고한 적이 있다. 그때 팀장님은 근엄한 사장님과 10여 명의 이사 앞에서 약 10분에 걸쳐 "우가! 우가!"를 외쳤다. 하지만 사장님은 인류 진화 단계에서 웃음이 퇴화한 한 마리 영장류 같았다. 계속되는 "우가! 우가!"는 어느새 "울까! 울까!"로 변해있었다. 뒤이은 사장님의 심사평은 단호하고도 간결했다. "이번 아이디어는 잘 모르겠네요?"

현실이 이렇다 보니 카피라이터의 마음속에는 세상에 빛을 보지 못한 아이디어나 카피가 한가득 쌓이기 마련이다. 모 통신사에서 자영업자를 위한 유선전화 관리 서비스를 론칭했을 때였다. 전화로 할 게 뭐가 있을까. 전화기, 전화번호, 부재중 전화 등 각종 전화가 들어가는 단어를 떠올리다가 뜬금없는 생각이 머릿속을 스쳤다. '전하'와 '전화'의 발음이 유사한 것을 활용하면 좋겠다 싶었다. "전화! 불편한 전화 서비스를 통촉하여 주시옵소서!" 사극 느낌으로 새로운 전화 서비스를 권유하는 광고를 만들자! 다음 날, 나는 자신만만하게 회의실에서 아이디어를 발표했다. 그런데 팀장님이 갑자기 추억 여행을 떠나는 게 아닌가.

"내가 하나로텔레콤 광고에 참여했을 때 그 카피를 썼지…."

나는 2008년에 집행된 하나로텔레콤 광고를 서둘러 찾아보았다. 배우 박준규 씨가 조선 시대 관리처럼 차려입고 "전화! 전화비도 따져봐야 하옵니다!"라고 외치고 있었다. '팀장님! 저는 이 광고의 존재를 몰랐사옵나이다! 소신은 그때 한낱 대학생에 불과했습니다! 원통하옵니다!' 하지만 애달픈 내 마음과는 달리 팀장님은 아이디어를 단칼에 불허했다. 먼저 쓰면 장땡인 게 카피라이터의 세상이었다.

이마트 리브랜딩 캠페인에 참여했을 때도 좌절은 어김없이 나를 찾아왔다. 광고주는 합리적인 가격으로 구성한 신규 제품과 서비스를 사람들에게 선보이고자 했다. 나는 책상에 앉아 이마트라는 세 글자를 조용히 소리 내어 읽어보기 시작했다. 이마트를 계속 발음하다 보니 문득 브랜드명이 '이막두'라는 사람 이름처럼 들렸다. 머릿속에서 이막두 마을 이장님이 등장하는 순간이었다. 마을 주민이 "아, 요즘 생필품은 어디서 산디야?"라고 말하면 이막두 이장님이 번개처럼 나타나 물품을 배송한다. 그리고 외친다. "빠른 배송은 이막두! 역시 이마트!" 누군가 물건 가격을 보면서 "이건 왜 이렇게 비싸디야?"라고 외치면 이막두 이장님이 뜬금없이 등장해 유통 구조 혁신으로 완성한 합리적 가격의 PB 제품을 선보인다. 뒤이어 나오는 그의 한마디. "가격 혁신도 이막두! 역시 이마트!"

나는 준비한 아이디어를 노트북에 담아 회의실로 가져갔다. 그리고 벽을 만났다. 높고도 단단한 철벽을. 아이디어를 발표할 때만 해도 웃음소리가 들렸지만 그 뒤로 회의실에서 나온 피드백은 냉정했다. 결연한 혁신을 이야기해야 하는 상황에서 유머러스한 아이디어가 효과적일지에 대한 우려가 나온 것이다. 그날 저녁, 집으로 돌아가면서 이막두 이장님에게 송구한 마음이 물씬 들었다. '죄송해요. 만나자마자 이렇게 이별이네요. 슬프지만 어쩌겠어요. 저는 정말 좋았지만 다른 사람들 생각은 아닌가 봐요.' 이장님은 등을 돌린 채 나를 떠나갔다.

내가 회사에서 매일 포춘쿠키를 먹는다면 아마도 '꽝입니다!'라는 문구를 번번이 발견하게 될 것이다. 카피를 쓸 때마다 속 쓰린 좌절을 꾸준히 겪기 때문이다. 10년째 카피라이터로 일하면서 연기력 말고도 는 게 있다면, 그것은 '꽝다구'다. 꽝꽝거리며 찾아오는 실패의 신 앞에서 깡으로 버틸 수 있는 맷집과 꽝꽝 키보드를 내리치며 내적 분노를 외부로 표출할 수 있는 근력과 책상에 머리를 꽝꽝 부딪치며 어서 아이디어가 나오라고 재촉하는 행동력까지 골고루 갖추게 됐으니까. "꽝입니다"라는 말을 듣게 되더라도 이 아이디어가 나에게는 훌륭했다고, 다른 이들의 반응이 별로라고 해서 나까지 하찮아지는 건 아니라고, 언젠가 나의 생각이 세상에 빛을 볼 날이 올 거라고, 스스로를 다잡을 수 있는 '꽝다구'가 이젠 제법 생겼다. 가끔은 아이디어가 생각나지 않는다는 푸념과 함께 꽝! 소리를 내며 사무실 문을 열고 집으로 도망치기도 하지만, 그럼에도 나는 카피를 쓰고 또 쓸 것이다. 오늘보다 더 눈부신 꽝*을 내일 만나길 꿈꾸면서.

※   김연숙 시인의 시집 제목 《눈부신 꽝》(문학동네)을 인용

힘 빼기를 위한
힘 기르기

"양손에 힘을 빼는 게 중요합니다!"

기타 선생님은 언제나 힘 빼기를 강조했다. 지나치게 힘을 주면 기타 플레이가 딱딱해지고 부자연스러운 소리가 난다고 했다. 실제로 선생님의 기타 연주는 안정적이고 편안하면서도 부드러웠다. 어디 하나 무리하는 지점이 없어 보였다.

나도 선생님처럼 기타를 치고 싶었다. 부드럽게 기타를 감싸고 왼손을 살포시 기타 줄에 올린 다음 오른손으로 기타 줄을 튕기면 신기하게도 아름다운 소리가 났다…면 좋았겠지만 내 기타에선 칠판을 긁는 것처럼 기분 나쁜 소리만이 뿜어져 나올 뿐이었다. 가장 기본적인 C 코드를 연습할 때조차 짜증이 치솟았다. 왼손가락은 아프고, 오른손은 어떻게 움직여야 할지 모르겠고, 지나치게 힘을 주다 보니 온몸이 아팠다. 아이고, 기타가 사람 잡네! 힘 빼기는 둘째치고 손가락에 힘 주는 것조차 어려웠다.

아플수록 오기가 생겼다. 여태까지 고생한 게 억울해서라도 반드시 해내고 말리라. 눈물을 삼키며 기타를 치고 또 쳤다. 한 달 정도 지나자 C, Am, A, G, E, D 코드까지는 그럭저럭 연주할 수 있었다. 여기서 말하는 '그럭저럭'은 죽을 둥 살 둥 힘을 주다 보면 엉성하게나마 소리가 난다는 것을 의미한다.

그래도 여기까지 온 게 어디인가. 자신감이 생겼다. 나는 중급 단계라 할 수 있는 F 코드에 의기양양하게 도전했고 새로운 좌절을 맛보았다. F 코드는 왼손 검지손가락으로 여섯 개의 기타 줄을 한번에 눌러야 했다. 그럴 때마다 검지가 찢어질 듯 아팠다. 나도 모르게 F로 시작하는 영어 버전의 욕이 튀어나왔다. 빽 하면 포기하고 싶었지만 여기서 그만둘 수는 없었다. 이미 너무 많은 아픔과 슬픔을 겪었으니까.

변화는 갑자기 찾아왔다. 몇 달째 지지부진하게 F 코드와 씨름하다 보니 느닷없이 왼손 검지손가락에 힘이 생겼다. 단단하게 차오른 굳은살 덕분에 크게 아프지도 않았다. F 코드가 Fun하게 바뀌는 순간이었다. C-G-Am-F 코드로 이루어진 비틀스의 〈렛 잇 비(Let it be)〉도 차츰 연주할 수 있게 됐다. 나는 어쩐지 비틀스와 조금 더 친해진 기분이 들었다. 존 레넌 형님과 내가 F 코드 덕분에 Friend가 된 것만 같았다! 기타가 이렇게 재밌을 수 있다니.

그날부터 품에 안는 것조차 힘들었던 기타가 조금씩 작아졌다. 거대하던 녀석이 점점 사이즈가 줄더니 나중엔 앙증맞은 장난감처럼 느껴졌다. 그렇게 10년 넘게 기타를 꾸준히 손에 쥔 덕분에 예전이라면 상상할 수 없던 플레이도 이제는 가능하다. C 코드쯤은 씨-익 웃으면서 치고 F 코드도 Free하게 플레이한다. 대단한 고수가 된 건 아니지만 이 정도면 어디 가서 기타 친다고 명함을 내밀 수 있는 수준은 된다. 그 명함에는 '아직은 아마추어 방구석 기타리스트입니다'라고 적혀있겠지만.

기타는 손가락을 쓰는 악기다. 손가락에 충분한 근력이 없다면 기타 연주도 불가능하다. 그리고 근육이 부족한 사람이 근력을 키우는 방법은 하나뿐이다. 최선을 다해 성실하게 아플 것. 푸시업을 하나도 할 수 없는 사람이 푸시업 한 개를 해내려면 온몸을 부들거리며 용을 쓰는 수밖에 없다. 될 때까지 근육에 고통을 줘야만 한다. 근육이 성장하는 원리는 손상된 근섬유가 회복하면서 부피가 커지는 것이다. 무엇이든 처음부터 힘을 뺄 수는 없다. 잔뜩 힘을 주고 또 주다 보면 힘은 자연스럽게 빠지기 마련이다.

기타뿐만이 아니다. 산다는 건 매 순간 몸과 근육을 쓰는 일이다. 몸으로 처음 겪는 일은 낯설고 어색하다. 어렵고 힘이 든다. 스쾃을 대여섯 개 했을 뿐인데도 양다리가 사정없이 후들거리고, 일상적인 젓가락질도 연습하지 않으면 엉성하기 짝이 없다.

내가 카피라이터로 일하는 것도 마찬가지다. 카피를 쓰고 아이디어를 내는 일은 머리를 쓰는 행위다. 열심히 머리를 굴리는 일에도 근력은 필요하다. 생각이 새로운 곳으로 뻗어나가기 위해선 책상에 끈질기게 앉아있을 체력과 시선을 색다른 곳으로 돌리려는 노력과 이 모든 과정에서 지치지 않을 지구력이 요구된다.

생각의 근력을 키우는 과정도 호락호락하진 않다. 기타를 칠 때마다 손가락 끝이 찌릿찌릿 아픈 것처럼, 쓸 만한 카피라이터가 되고자 애쓰는 일은 찌릿찌릿 내 머리를 괴롭게 한다. 키보드 앞에서 카피 한 줄을 완성하려고 하면 나도 모르게 막막해질 때가 많다. '오늘은 또 뭘 써야 하나' 고민할 때면 기타 앞에서 아픈 손가락을 움켜쥐는 것처럼 신경질이 난다. 한숨이 나온다. 카피 때문에 코피 날 것 같은 순간이 찾아오면 커피를 연거푸 마시며 새벽을 맞이하기도 한다. 처음 기타를 칠 때처럼 온몸에 잔뜩 힘이 들어가고 머릿속에선 시끄러운 불협화음이 들려온다.

그럴 때면 나는 기타를 떠올린다. 나는 지금 카피를 쓰거나 아이디어에 골몰하는 게 아니라고. 잠시 기타를 연주하는 것이라고 상상한다. 키보드가 아닌 얇은 쇠줄 위에 손을 올려놓고 모니터 대신 악보를 보고 있다고 생각한다. 마우스는 어느새 기타 피크가 된다. 내가 말이야, 몸살 날 때까지 연습하고 또 연습하다 보니까 F 코드도 이젠 문제없다고! 기타를 치면서 〈렛 잇 비〉 노래까지 거뜬히 부를 수 있다니까? 그 사실을 잊지 않으려고 노력한다. 힘 빼기가 어려울 때도 있는 거지. 때론 있는 힘껏 힘을 주는 거지. 렛 잇 비 렛 잇 비. 그대로 내버려 두라는 비틀스의 노랫말과 함께, 가벼운 어깨로 가뿐하게 나의 하루를 연주할 수 있을 때까지 이 과정을 반복하는 것이다.

근육이 부족한 사람이 근력을
키우는 방법은 하나뿐이다.
최선을 다해 성실하게 아플 것.
무엇이든 처음부터 힘을 뺄 수는 없다.
잔뜩 힘을 주고 또 주다 보면
힘은 자연스럽게 빠지기 마련이다.

축을 세우면
모든 게 대박!

뉴턴이 떨어지는 사과를 보며 중력을 발견한 것은 유명한 일화다. 그런데 그가 감나무 밑에 앉아있었다면 과연 만유인력의 법칙을 생각해 낼 수 있었을까? 혹시나 그의 눈앞에서 복숭아가 떨어졌다면 중력의 법칙을 떠올리는 대신 친구들과 도원결의를 맺었을까? 뉴턴이 배나무 밑에 서있었다면 묵직한 열매를 머리에 맞아 과학적 발견은 고사하고 짜증만 내다가 집으로 돌아가지는 않았을까?

그럼에도 뉴턴은 중력을 발견해 냈을 것이다. 그에게 중요한 건 사과가 아니었다. 그는 사과가 왜 옆이나 위가 아니라 반드시 수직으로 낙하하는지를 고민하고 있었다. 모든 물체는 어떤 이유로 바닥으로 떨어지는 것인지, 물체 사이에는 어떤 힘이 작용하고 있는 것인지. 온갖 가설이 머릿속에서 맴돌며 생각은 깊어졌을 것이다. 그리고 떨어지는 열매를 바라보는 순간 이 모든 의심을 해결해 줄 새로운 법칙이 불현듯 떠올랐을 것이다. 어지럽게 놓인 생각의 구슬들을 한 줄로 꿰는 실의 역할을 사과 한 알이 해낸 셈이다.

사과는 그저 과일에 불과하다. 사과라는 열매 자체가 대단한 영감의 원천인 것도 아니다. 하지만 여기서 어떤 과학적 법칙을 발견하기 위해선 사과를 그저 사과로만 바라보지 않는 태도가 필요하다. 뉴턴에게 그것은 과일이라기보다는 중력을 대변하는 물체 중 하나였을 것이다. 매일같이 중력과 관련된 현상을 고민했기 때문에, 이를 간절하게 설명하고 싶었기 때문에, 그는 사과에서 중력이란 개념을 찾을 수 있었다. 영감은 그것을 찾고자 하는 사람에게만 그 모습을 드러낸다.

생각에 스파크를 일으키는 '뉴턴의 사과'는 우리 주변에 무수히 존재하고 있다. 이런 사과를 발견하기 위해선 늘 촉을 세워야 한다. 본인의 감촉을 생활하는 모든 곳으로 뻗치고, 아주 작고 사소한 것에도 민감하게 감응하다 보면 별것 아닌 것들의 놀라운 가능성을 찾을 수 있다.

피아니스트 손열음 씨는 한때 부족한 리듬감을 키우기 위해 젓가락질을 할 때도 박자를 쪼개는 연습을 했다고 한다. 화장을 할 때도 열 손가락을 얼굴 위에 올려놓고 리듬 연습을 멈추지 않았고, 심지어 거리에 나오는 음악에 맞춰 춤을 추기도 했다. 아마도 그때의 손열음 씨에겐 세상 모든 게 리듬과 박자로 다가왔을 것이다. 박수를 치거나, 길을 걷거나, 키보드를 두드리는 순간까지도 음악처럼 느껴졌을 것이다. 주변의 모든 소리에 촉을 세우고 귀를 기울인 만큼 그는 자신만의 리듬을 익힐 수 있었다. 그 덕에 우리는 그의 아름다운 연주를 들을 수 있게 되었다.

일상에서 촉을 세우는 간편하고도 유용한 방법은 메모다. 주변의 모든 게 꼭 아이디어로 이어지는 건 아니지만, 어떤 것이 '뉴턴의 사과'처럼 나를 자극할지는 함부로 장담할 수 없다. 그래서 나는 소소한 대화를 성실하게 모은다. 별것 아닌 농담마저 소중하게 수집한다.

유튜브에서 〈어서와~ 한국은 처음이지?〉라는 예능 프로그램의 클립을 우연히 본 적이 있다. 전자제품 매장에서 한국말이 조금 어눌한 외국인이 담당 직원에게 계산을 하려고 신용카드를 건네고 있었다. "결제는 몇 개월로 해드릴까요?" 직원이 묻자 그는 보통의 한국인이라면 상상할 수 없는 대답을 한다. "모든 계절에…" 12개월 할부에 대한 너무나도 서정적인 해석이 아닌지! 기발하고도 엉뚱한, 그러면서도 마음 한구석을 묘하게 울리는 그의 답변을 듣자마자 나는 황급히 스마트폰을 꺼내 메모를 했다. '365일 너를 잊지 못했다'고 말하는 것보다 '모든 계절 너를 잊지 못했다'고 말하는 게 더 로맨틱하게 느껴지려나? 혹시 신용카드 광고를 하게 된다면 '12개월 무이자 할부 혜택'을 '모든 계절, 당신에게 무이자 혜택'으로 바꿔 쓰는 건 어떨까? 잠깐이지만 머리를 굴리며 떠오르는 것들을 끄적였다. 이런 메모를 광고 카피로 활용할 수 있다면 좋겠지만, 그렇지 못하더라도 괜찮을 것이었다. 술자리 농담으로라도 써먹으면 또 그만이니까. 무엇이든 아이디어로 이어질 수 있다는 믿음을 갖고 있다면, 더욱 예민하게 주위를 살피게 된다. 그럴수록 우리의 메모장은 눈길을 끄는 다양한 소재들로 가득 채워질 것이다.

매 순간 촉을 세우는 일은 굳어있던 머리를 말랑하게 이완하는 준비 운동과도 같다. 복서가 몸을 풀지 않고 링 위에 오르거나 축구 선수가 성급하게 그라운드를 달리면 부상당할 위험이 커진다. 본인의 기량을 오롯이 발휘할 수도 없다. 글을 쓰고 생각을 거듭하는 우리도 마찬가지다. 아무런 대비 없이 덥석 새로운 것을 만들려고 하면 머리가 고장 난다. 덜컥거리고 삐걱거린다. 게다가 아이디어를 선보여야 하는 순간은 대개 예고 없이 찾아온다. 갑자기 올라간 본선 무대에서 온전히 실력을 보여주고 싶다면 틈날 때마다 아이디어 근육을 스트레칭해 주어야 한다. 이때 필요한 건 뜨거운 노력이 아닌 뜨뜻미지근한 예열이다. 무엇이든 쉽게 지나치지는 않되 모든 것에 지나치게 관심을 쏟으며 기진맥진할 필요는 없다. 치열함보다는 느긋함으로, 끄적이고 캡처하고 찰칵 사진을 찍으며 기분 좋은 자극들을 모으면 그만이다. 그래야만 진짜 힘을 써야 할 때 제대로 위력을 발휘할 수 있다.

팟캐스트 〈시시알콜〉 방송에서 만난 작가님 중에는 "대박!"을 사랑하는 분이 계셨다.

"제가 인도에 있는 것도 아닌데, 한 시간 만에 제 밥상에 인도 음식이 배달되는 게 너무 신기하지 않아요? 대박!"
"결혼한 지 시간이 꽤 지났지만 아침에 눈을 뜨면 제 옆에 남편이 있는 게 가끔 너무 신나는 거예요. 대박!"

그는 별것 아닌 것에 너무 호들갑을 떠는 것 같다고 말했지만, 나에겐 그 호들갑이 끊임없이 글을 쓰게 만드는 동력처럼 느껴졌다. 세상에 대한 감도를 한껏 높여야만, 예민한 촉으로 사소한 것에도 감응할 수 있어야만, 시시때때로 "대박!"을 외칠 수 있을 것이다.

방송에서 다룬 권대웅 시인의 시집 《나는 누가 살다 간 여름일까》(문학동네)에 수록된 〈아득한 한 뼘〉이란 시는 이런 문장으로 시작한다.

멀리서 당신이 보고 있는 달과
내가 바라보고 있는 달이 같으니
우리는 한 동네지요

나에겐 이 시가 "너도 달 보여? 나도 달 보여! 그럼 우리 같은 동네 사는 거 아냐? 대박!"이라고 얘기하는 것만 같다. 같은 달을 보고 있다는 사실에 호들갑을 떨며 기뻐할 수 있는 사람이 시인이 된다. 시를 쓴다.

나와 주변의 동료들도 재미난 무언가를 볼 때면 박수를 치며 좋아한다. "야, 저기 가게 이름 좀 봐! 유니클로를 패러디해서 '유니큰옷'이라고 지었다고!" 어린아이처럼 기뻐하며 간판을 찍는 친구들. "승용아, 이 광고 죽이지 않냐?" 재미난 광고 한 편을 대단한 보물인 것처럼 소개하는 팀장님. "오늘은 얼음이 제철이다!" 식당에서 친구가 내뱉은 헛소리를 메모하며 엄청난 카피라고 기뻐하는 나. 좋아할 게 많아서, 그것에 환호하는 게 좋아서, 우리는 광고를 만들고 있다.

　　대박적인 아이디어는 "대박!"을 연발하는 사람에게 찾아온다고 믿는다. 그런 사람의 눈앞에는 놀랍고도 경이로운 세계가 한가득 펼쳐질 것이다. 그리고 뉴턴이 한국말을 할 줄 알았다면, 그 역시 떨어지는 사과를 보며 이렇게 말했을 게 분명하다.

　　"대박!"

영감은 그것을 찾고자 하는 사람에게만
그 모습을 드러낸다.
세상에 대한 감도를 한껏 높이고,
예민한 촉으로 사소한 것에도 감응하며,
시시때때로 "대박!"을 외치자.

포기해야만
완성할 수 있다

"잠시 요 앞 목욕탕 좀 다녀오겠습니다."

일본 만화의 아버지라고 불리는 만화가 데즈카 오사무의 이야기다. 그는 마감을 독촉하는 담당자들에게 인사를 건넨 뒤 나막신을 신고서 아스라이 사라졌다고 한다. 목욕용품을 옆구리에 낀 채 600킬로미터나 떨어져 있는 본가로 도망친 것이다! 한국으로 치면 서울에서 일하다가 목욕탕 좀 가겠다며 제주도까지 도망친 셈이다. 주변 친구들은 그의 광기 어린 도주 일화를 듣고 깔깔댔지만, 나는 너무나도 부러울 뿐이었다. 어디로도 도망칠 수 없는 나는 사무실 자리에 앉아 끙끙대며 아이디어를 내고 카피를 쓸 수밖에 없으니까.

"광고주 보고는 다음주 월요일에 진행할 예정입니다."

광고대행사의 모든 일에는 마감이 정해진다. 광고주가 보고일을 제시하면 무슨 수를 써서라도 그 일을 해내는 게 대행사의 숙명이다. 팀장이 아이디어 회의 일정을 말하면 어떻게든 그날까지 카피와 아이디어를 만들어내는 게 카피라이터의 운명이다. 이런 일이 매번 반복된다. 한 프로젝트가 끝나면 또 다른 프로젝트가 이내 찾아온다. 덕분에 카피라이터의 발등은 언제나 뜨겁다. 쉽게 꺼지지 않는 불, 발등 위의 불이 늘 피어나기 때문이다.

이 불은 대략 3단계에 걸쳐 커진다. 1단계는 회의까지 시간이 꽤 남았을 경우다. 이때는 약간의 불씨 정도가 느껴질 뿐이다. 노트북 모니터를 바라보는 눈에는 아직 여유가 있다. 유튜브를 검색하며 필요한 자료를 찾고, 찾으려고 했는데, 찾다가 보니까, 내가 뭘 찾으려고 했더라? 정신을 차려보면 인기 급상승 동영상을 보며 히죽거리고 있는 스스로를 발견한다. 그래도 괜찮다. 회의가 당장 내일인 건 아니니까. 아직까지는 좋은 카피를 쓰겠다는 야망과 욕심이 생존해 있는 단계이므로 밥을 먹는 동안이나 잠을 자기 전 머리를 쉼 없이 굴린다.

2단계는 회의 하루 전이다. 불길이 거세지는 순간이다. 작은 불씨는 어느새 열불로 바뀐다. 나와 주변 동료들은 이상 증세를 보인다. 호흡 이상 증후군을 보이는 유형은 몇 분마다 땅이 꺼져라 한숨을 내쉰다. "차라리 땅이 꺼졌으면 좋겠어요. 그럼 아이디어 회의 안 해도 되잖아요…." 모발에 대한 애착이 심해지는 사람들도 있다. 머리를 쓰다듬다가, 한 움큼 집다가, 쥐어뜯기도 한다. 헤어… 나올 수 없는 창작의 고통이 온몸으로 느껴진다. 눈물은 나지 않지만, 어쩐지 울고 있는 기분이라고 말하는 눈물 버튼 고장형도 존재한다. 나는 세 가지 유형을 골고루 겪는 타입이다.

마지막 3단계는 회의 몇 시간 전이다. 여기서부터는 초 단위로 불길이 사람을 집어삼킨다. 그것은 근사한 아이디어를 만들고야 말겠다는 처음의 다짐까지 깡그리 불태워 버린다. 긴급 상황! 회의실에 빈손으로 입장할 수는 없다! 마지막 카피 한 방울이라도 짜내야 한다! 머릿속에는 경보 사이렌이 울리고, 키보드를 치는 두 손은 잠시도 멈추지 않는다. 그리고 회의 몇 분 전, 나는 거친 숨을 내쉬며 두 손을 든다. 머리에서는 김이 나는 것만 같다. 하얗게 불태웠어…. 나는 노트북을 옆구리에 낀 채 걸어 다니는 하얀 재가 되어 회의실로 들어간다.

"되는 데까지 하는 거지 뭐. 별수 있냐?"

선배한테 이런 생활을 어떻게 십 년 넘게 할 수 있냐고 물었더니 돌아온 대답이었다. 별수 없다는 그의 말이 그날따라 위로가 됐다. 하긴, 할 수 있는 데까지 최선을 다하면 그뿐인 거지 뭐. 어쩌겠는가. 《우주소년 아톰》을 그린 데즈카 오사무도 마감하기 싫다고 도망가는 세상 아닌가. 순식간에 쓸모 있는 아이디어를 완성하면 좋겠지만, 그런 일은 하늘에서 우주선이 내려와 외계인이 광고 프로젝트를 의뢰할 확률과도 같을 것이다. 아마 그 외계인도 나에게 말하겠지. 카피와 아이디어는 다음 주 월요일까지 제안해 달라고. 그러면 나는 지구를 넘어 범우주적 스케일로 고통받게 될 것이다.

마감이 닥칠 때마다 나는 주어진 시간 안에 최고의 카피를 만들지 못했다는 자책감에 시달렸다. 하지만 언제나 최고의 결과물을 만드는 건 불가능하다. 미숙할 때도 있고, 실패할 때도 많다. 한정된 시간 안에 할 수 있는 최선을 다하는 것. 마감의 핵심은 여기에 있다고 생각한다. 선배의 말처럼 되는 데까지 있는 힘껏 달려들고, 그다음엔 어쩔 수 없음을 받아들여야만 한다. 무한정 시간이 주어진다고 해서 최고의 카피와 아이디어를 만들어낼 수 있을까? 그렇지 않다고 생각한다. 마감이 없다면 카피 한 줄 쓰지 않고, 아이디어 따윈 고민조차 하지 않으며 살 게 분명하다. 게다가 짧은 몇 문장을 완성하기 위해 평생 동안 고민을 한다? 지겹고 지겨워서 나중에는 혀를 내두르게 될 것 같다.

프랑스 작가 폴 발레리는 "작품을 완성할 수는 없다. 단지 어느 시점에서 포기하는 것뿐"이라고 말했다. 완벽한 아이디어를 내겠다는 욕심이 커져 스스로를 괴롭힐 때마다 떠올리는 문장이다. 할 수 있는 최선을 다했다면 여기까지가 최선임을 인정하는 자세가 필요하다. 창작을 위해 각고의 노력을 쏟는 이유는 자신의 작품을 미련 없이 포기하기 위해서가 아닐까. 그리고 마감은 여기에 그럴듯한 핑계를 더해준다. 여전히 내 발등 위 불은 꺼질 생각을 하지 않지만, 그 불이 나를 달리게 한다. 기꺼이 포기할 수 있게 도와준다.

포기해야만 완성할 수 있는 것들이 있다. 그렇게 생각하면 마음이 조금은 편안해진다. 나를 울게 하는 마감, 그럼에도 나를 움직이는 마감. 이 복잡미묘한 애증의 열차에 올라탄 우리는 발등 위 불을 연료 삼아 더 멋진 아이디어를 향해 달린다. 앞으로, 앞으로!

언제나 최고의 결과물을 만들 수는 없다.
미숙할 때도 있고, 실패할 때도 많다.
할 수 있는 최선을 다했다면 여기까지가
최선임을 인정하는 자세가 필요하다.
마감의 핵심은 여기에 있다고 생각한다.

아이디어는
기세야!

'거시기' 덕분에 국가 대표를 한 적이 있다. 이게 대체 무슨 소리냐고요? 이를 설명하기 위해선 먼저 '칸 국제 광고제' 이야기를 해야 한다.

이 광고제는 전 세계 광고인이 한자리에 모여 각종 콘퍼런스를 열고 매일 밤 올해 최고의 크리에이티브를 선정하는 국제적 규모의 행사다. 광고인이라면 한 번쯤 꿈꾸는 페스티벌이라고도 할 수 있겠다.

칸 국제 광고제에는 만 30세 미만 광고 회사 주니어를 대상으로 하는 '영 라이언스 컴페티션(Young Lions Competition)'이 있다. 60여 개 국가에서 온 다른 참가자들과 함께 24시간 동안 아이디어를 내며 겨루는 크리에이티브 백일장 같은 프로그램이다. 한국에서는 매년 여기에 참가하는 티켓을 걸고 영 라이언스 국가 대표 선발 대회를 개최한다. 나는 1분짜리 광고 영상을 만드는 필름 부문에 지원했다.

친한 아트 디렉터 형과 함께 2인 1조로 팀을 짰다. 형은 파리에서 6년을 살았다고 했다. 이 사람과 함께 프랑스에 간다면 색다른 경험을 하게 되리라는 확신이 들었다. 형, 프랑스어도 잘하는데 칸 가야지! 그래, 우승이 뭐 그렇게 어렵나? 까짓것! 우리는 시작부터 김칫국 한 사발을 거하게 들이켰다.

하지만 영어가 빼곡하게 적힌 오리엔테이션 자료를 읽다 보니 들끓던 김칫국은 짜게 식어갔다. 한국어도 어려운데 영어가 웬 말인가. 나는 사전을 뒤적거리며 과제를 해석했다. 유명 스포츠용품 공장에서 흘러나오는 독성 화학물질이 주변 환경을 오염시키고 있었다. 공장의 위험성을 알리는 영상을 만들어야 했다.

막막하던 그때, 인터넷 검색을 하다가 흥미로운 사실이

눈에 띄었다. 유독 물질의 핵심 성분인 '이온성 PFCs'가 환경오염을 유발할 뿐만 아니라 생체 호르몬을 교란시켜 정자 수까지 감소시킬 수 있다는 설명이었다. 각종 스포츠용품이 생명의 신비를 간직한 정자를 위협할 수 있다고?

"여러분, 축구용품을 잘못 쓰면 정자 수가 줄어들 수 있어요!"라고 외친다면 사람들은 어떤 반응을 보일까? 정자는 누군가의 미래이자 어쩌면 새로운 인류가 될 터인데 이 소중한 친구들이 감소한다고 걱정하지 않을까? 사람들은 외딴 지역의 환경이 파괴되는 것보다는, 자신의 건강이 파괴된다는 사실에 더 민감하다. 정자를 활용한 메시지에는 환경오염을 무시할 수 없게끔 하는 효과가 있었다. 공장에서 유출되는 유독 물질로부터 환경을 지키는 일이 나의 정자 건강을 지키는 일로 바뀌었기 때문이다. 내친김에 캠페인 슬로건까지 단숨에 만들었다.

#SAVE THE BALLS
#당신의 거시기를 구하세요

구체적인 메시지가 정해지자 아이디어에 물꼬가 트였다. 축구 선수들이 프리킥 수비벽을 만들 때 자신의 급소에 두 손을 올리는 걸 활용해 보자는 이야기가 나왔다. 프리킥 자세처럼 사타구니를 가린 채 인스타그램에 사진을 올리도록 유도하는 광고가 탄생했다. 자신이 가린 중요 부위에 환경오염을 유발하는 유명 스포츠 브랜드의 인스타그램 계정을 태그하고, 우리의 슬로건을 본문에 적어 업로드하는 캠페인이었다. 영상은 무사히 완성됐다. 그리고 몇 번의 심호흡 끝에 제출 완료!

며칠 뒤, 우리는 본선행 티켓을 거머쥐었다. '거시기'라는 키워드로 이 대회에서 1등을 한 팀은 아마도 우리가 처음이지 않았을까 싶다.

마침내 우리는 프랑스 칸으로 떠났다. 대회 과제의 클라이언트는 세계 자연 기금(WWF, World Wide Fund for Nature)이었다. 지구 곳곳에서 벌어지는 환경파괴나 동물 멸종의 심각성을 알리는 영상을 만들어야 했다. 회의를 시작하자마자 아이디어가 튀어나왔다. 브라질 아마존 숲이 사라지고 있는 걸 브라질리언 왁싱에 비유하는 건 어때? 털을 뽑는 게 아픈 것처럼 지구에는 나무를 뽑아버리는 게 고통스러운 일 아닐까? 지구를 향한 브라질리언 왁싱을 멈춰주세요!

하지만 전 세계에서 난다 긴다 하는 광고인들이 모인 칸이었다. 이런 실없는 아이디어를 낼 수는 없었다. 브라질리언 왁싱 같은 가벼운 소재가 통할 리 없겠다는 생각도 들었다. 수많은 아이디어가 입 밖으로 나왔지만 결론은 하나였다. 에이, 그래도 여기는 칸이잖아! 고민에 고민을 거듭하다 보니 어느덧 주어진 과제 제출까지는 여섯 시간도 채 남지 않았다. 어떻게든 영상을 완성해야만 했다. 허겁지겁 카피를 쓰고, 촬영을 하며, 숙소에서 뜬눈으로 밤을 새웠다.

그리고 우리는 대회에서 무참히 탈락했다. 심사 결과를 듣고 창밖 너머 아름다운 칸 해변을 바라보았을 땐 황망한 마음이 파도처럼 몰려오고 있었다.

한국에서 경연을 치를 때만 해도 우리는 '거시기'를 슬로건으로 쓰는 패기를 보여줬지만, 칸에서는 그런 자신감이 온데간데없이 사라져버리고 말았다. "이런 아이디어는 좀 거시기하지 않나"라고 끝없이 소리친 꼴이었다. 모든 아이디어에 검토는 필요하지만 지나친 걱정은 더 큰 걱정을 부를 뿐이다. '이런 아이디어는 안 되겠지'라는 부정적인 생각이 커지면 아무것도 할 수 없는 답답한 상태에 빠지고 만다.

아이디어나 생각이 실패할지 성공할지는 누구도 장담할 수 없다. 창작의 영역에서 비평과 흥행은 예상했던 것과 판이할 때가 많다. 주변 사람들이 별로라고 평가했던 작품이 화제를 끌기도 한다. 제작자들이 성공을 확신했지만 대중이 차갑게 외면하는 결과물도 많다. 그러니까 때로는 스스로를 믿어볼 일이다. 결과는 알 수 없는 일이니까. 무엇보다 스스로 만족한다면, 괜찮다는 확신이 든다면, 그것만으로도 충분하다. 실패까지 미련 없이 받아들이려면, 때론 주저 없이 달려가는 자세가 필요하다.

영화 〈기생충〉에는 과외 선생님 '기우'가 학생 '다혜'를 가르치는 장면이 나온다. 문제의 정답이 무엇인지 확신하지 못하는 다혜를 보며 기우는 말한다. 한 문제를 고민하다가 시험 전체를 망칠 수도 있다고. 과감하게 다음 문제로 넘어가야 할 때도 있다고. 그리고 그는 이런 말을 덧붙인다.

"실전은 기세야!"

오늘도 나는 광고에 쓸 아이디어를 고민한다. 그럴 때마다 두려움이 엄습한다. 마냥 헛소리에 불과한 건 아닌지, 뻔한 것은 아닌지, 광고주의 반응은 괜찮을지 갈팡질팡할 때가 많다.

하지만 스스로 믿지 못하면 누가 나의 아이디어를 신뢰할까. 치열하게 고민했다면, 최선을 다했다면, 당당하게 도전해 볼 일이다. '거시기를 구하자'는 슬로건처럼 때로는 거시기한 걱정들을 마음속에서 구해낼 필요가 있다. 아이디어도 결국은 기세야!

실패까지 미련 없이 받아들이려면,
주저 없이 달려가는 자세가 필요하다.
치열하게 고민했다면, 최선을 다했다면,
스스로 만족한다면,
당당하게 도전해 볼 일이다.

아이디어 회의는
누구보다 멍청하게

"광고대행사에서 아이디어 회의는 어떻게 진행되나요?"

나는 이렇게 대답할 것이다. 여기선 기가 차는 회의가 종종 벌어진다고.

모 통신사의 'GiGA TV' 광고를 기획할 때였다. 우리 팀은 본격적인 아이디어 회의 전에 도움이 될 만한 생각을 주고받는 브레인스토밍 시간을 갖곤 했다. 그날도 평소처럼 팀장님이 팀원들을 모아놓고 가벼운 회의를 시작하는데 누군가 한마디를 툭, 던졌다.

"팀장님! 좋다는 GiGA TV가 이기가!"

그것은 침묵으로 가득 찬 회의실에 울려 퍼지는 대회 개
최 선언과도 같았다. '제1회 기가 드립 경연'이 본격적으로 펼쳐
지는 순간이었다. 대회에 참가하신 여러분을 환영합니다! 중요
한 것은 우승! 승리의 요건은 웃음! 진지한 회의 따윈 없음! 사
람들의 눈빛이 이글거렸다. 누구보다 먼저 센스 있는 드립으로
이 대회에서 우승자가 되리라는 열망이 여기저기서 느껴졌다.
'선배님들, 회의 시간에 이렇게 해도 괜찮은 거예요?' 팀의 막내
카피라이터였던 나는 걱정스러운 표정으로 사람들을 쳐다보
았지만 누구도 나를 신경 쓰지 않았다. 이때다 싶은 마음에 다
들 손을 들고 떠들기 바빴을 뿐.

"좋다는 GiGA TV가 저기가! 요기가!"
"이건 어때요? 기가 막히는 TV! GiGA TV!"

팀원들의 얼굴에선 평소 사무실에서 느낄 수 없던 생기
가 샘솟고 있었다. 내가 카피라이터인지, 드립라이터인지 정체
성에 혼란이 찾아올 때쯤 팀장님이 삿대질을 하며 감정 연기
에 돌입했다. "좋은 TV가 이게 맞는 기가? 아닌 기가?" 팀장님

도 하는데 막내는 뭐 하고 있냐는 얘기를 들을 순 없었다. 나는 "GiGA TV 드디어 사는 기가?"라고 소심하게 외쳤다. 그러자 선배들이 "오~ 좋은데?"라고 말하며 나를 칭찬해 주는 게 아닌가. 뭐지? 왜 기분이 좋지? 그런데 이런 걸로 회의 시간에 뿌듯해해도 괜찮은 건가? 어쨌든 '기가'의 향연이 이어지는, 기가 막히는 회의는 계속됐다.

"그런데… 이렇게 아이디어 내면 광고주분들에게 혼나겠죠?"
"광고주가 유쾌한 광고 말고 제품의 장점을 잘 드러내는 광고를 해달라고 하긴 했죠….'"
"그래… 일단 열심히 해보자고….'"

대체 무엇을 어떻게 열심히 해야 할지 어느 누구도 알 수 없었지만, 기가 드립 경연은 회의 종료와 함께 서둘러 막을 내렸다. 그리고 우리는 입 아프게 떠들었던 실없는 소리와는 전혀 상관없는 광고를 제작했다. 그날 우리는 왜 그렇게 쓸데없는 회의에 열중했던 걸까?

멍청해지자(BE STUPID).

글로벌 패션 브랜드 디젤이 2010년에 진행한 캠페인의 슬로건이다. 똑똑해지기도 어려운데 멍청해지자고 말하다니. 하지만 디젤의 캠페인 메시지에는 사람을 설득하는 묘한 힘이 있다. '똑똑한 사람들'은 사회가 추구하는 정답을 찾으려고 노력하지만, '멍청한 사람들'은 주변의 눈치를 보지 않고 고정관념에 반기를 들며 엉뚱한 도전을 통해 세상을 바꾸기도 한다는 것이다. 사회를 변화시킨 수많은 위인이 처음엔 괴짜 취급을 받았다는 사실을 떠올리면 고개가 끄덕여진다.

우리의 '기가' 드립이 세상을 바꿀 만큼 위대한 아이디어는 아니었지만, 그날의 경험은 아이디어 회의를 바라보는 나의 시선을 변화시켰다. 만약 팀장님이 회의 시간에 '이기가!' 같은 장난이 웬 말이냐고 화를 냈다면 어땠을까? 아이디어 회의는 진지하고 엄숙해지지 않았을까? 사람들은 서로 눈치를 보며 이런 말을 해도 되나 고민에 빠졌을 것이고, 그런 걱정이 켜켜이 쌓이면 누구도 쉽게 말을 꺼내지 않는 답답한 회의가 되었을 것이다.

광고를 10년 한 선배든, 20년 한 팀장님이든 "이기가! 저기가!"를 외칠 수 있다는 것. 실없는 소리를 해도 혼나지 않는다는 것. 어이없으면 어이없는 대로, 재밌으면 재밌는 대로, 아이디어에 도움이 되든 안 되든 무엇이든 말해도 괜찮다는 것. 아이디어 회의란 게 때론 대단하지 않을 수 있다는 것. 엉성한 생각이라도 마음껏 이야기할 수 있다는 것. 이 모든 것을 몸소 보여주는 사람들과 함께 일하고 있다는 것만으로도 무슨 말이든 할 수 있으리란 확신이 생겼다. 그 사실이 좋았다.

아이디어 회의를 할 때면 나는 산더미 같은 거름을 만나곤 한다. 성공의 밑거름인 실패가 자주 찾아오기 때문이다. 그것은 회의실 방문을 두드리고 내 앞에 나타나 특유의 퀴퀴한 냄새를 풍기며 '다음 기회에'라는 팻말을 꽂은 채 내 노트북을 집어삼킨다. 처음에는 실패의 등장이 무서웠지만 하도 많이 만나다 보니 이젠 그러려니 하게 된다. '아이고, 또 오셨습니까? 밑거름 씨. 그런데 언제쯤 저에게 성공을 보여주시려고…?' 거름은 말이 없고 나는 계속 실패를 거듭한다.

그럼에도 역시 겁먹은 채 아무 말도 안 하는 것보단 일단 아무 말이라도 내뱉는 게 아이디어 회의엔 더 잘 어울린다. 똑똑한 말, 정답 같은 말만 가득한 회의보단 수시로 멍청한 회의가 여전히 더 신난다. 장난스러운 농담이라도 일단 던지다 보면 뭐라도 되는 법이다. 헛소리에서도 헉! 소리 나는 아이디어를 찾는 게 크리에이터의 일이니까. 게다가 광고를 만들 땐 하나도 쓸모없던 나의 기가 드립으로 이렇게 글 한 편도 완성했잖아요? 역시 개똥도 다 쓸모가 있다! 물론, 이 글이나 그날의 드립이 개똥이란 것은 아니지만….

겁먹은 채 아무 말도 안 하는 것보단
일단 아무 말이라도 내뱉는 게
아이디어 회의엔 더 잘 어울린다.
헛소리에서도 헉! 소리 나는 아이디어를
찾는 게 크리에이터의 일이니까.

동네 사람들,
이 아이디어 좀 보세요!

'신이시여, 이 카피가 정녕 헛소리로 보이십니까?' 카피
라이팅의 신이 있다면 나의 기도문은 이렇게 시작할 것이다. 카
피를 쓸 때마다 나는 갈팡질팡한다. 내 눈엔 분명 재미있는데
남들에겐 그냥 우스갯소리에 불과한 게 아닐까? 감동적인 카피
라고 썼는데 그냥 하나 마나 한 얘기를 만들어낸 건 아닐까? 문
장의 이해도가 떨어지는 건 아닌지, 논리 구조가 뒤엉킨 건 아
닌지, 이런 카피를 들고 회의실로 들어가면 부끄럽지는 않을지,
결국 눈물을 훔치며 회의실에서 도망치는 건 아닐지, 그렇게 영
영 집으로 돌아가는 건 아닐지! 눈덩이처럼 커진 걱정을 끌어
안고 촉촉해진 눈가로 팀장님을 바라보자 그는 온화한 미소를
띠며 나에게 말했다.

"가족한테 한번 보여줘 봐."

광고 카피는 누구나 쉽게 이해할 수 있어야 한다. 타깃층이 조금씩 달라지기는 하지만 광고는 근본적으로 불특정 다수를 위한 것이기 때문이다. 그리고 여기엔 나의 가족도 당연히 포함된다. 누구든 설득할 수 있는 카피와 아이디어라면 가족도 충분히 공감할 것이다. 팀장님의 말을 기억하며 집으로 돌아갔더니 엄마는 라면을 끓이고 있었다. "엄마, 보험 광고 콘셉트를 '나도 몰랐던 나만의 보험 찾기'로 잡았는데 어때?" "근데 나 보험 잘 모르는데? 라면 붇는다 야." 팀장님의 조언은 틀리지 않았다. 우리 가족에 대한 나의 예상이 틀렸을 뿐이었다. 아이디어를 설명할수록 엄마는 시큰둥해졌고, 뭔 말인지는 알겠는데 잘해보라는 답변이 돌아왔다. 감사합니다 어머니…. 혹시나 하는 마음에 동생에게도 찾아가 보았지만 녀석은 너무 착하고 다정하기만 했다. "(세상 인자한 웃음을 지으며) 형이 만든 거면 뭐든 다 좋겠지!" 고맙다 동생아….

여기서 멈출 수는 없었다. 나는 가족 같은 친구들에게 내 카피와 아이디어를 슬쩍 흘렸다. 카페나 술자리 등에서 나의 안부를 물으면 요즘 회사 일로 정신이 없다며 자연스레 이야기를 이어갔다. "근데… 요즘 내가 이런 카피를 생각해 봤다? 이거 웃기지 않냐?" 친구들의 반응은 크게 두 가지로 나뉘었다. 웃거나, 싸해지거나. 전자일 경우엔 나름의 확신을 가질 수 있었고, 후자일 경우엔 무엇이 문제인지 고민하는 계기가 되었다. 이거 생각보다 도움이 되는걸? 하지만 부작용이 아주 없지는 않았다. 친구들은 차라리 이렇게 하는 게 더 재밌겠다며 신나게 의견을 내다가, 이 정도면 우리가 대신 일해준 게 아니냐며 한턱 쏘라는 이야기를 덧붙였다. 고맙다 친구들아….

몇 년 동안 계속된 나의 '피드백 메이트 찾기'는 지금의 아내와 연애를 시작하면서 막을 내렸다. 광고 기획자로 일하는 아내는 업무에 대한 이해도가 높았다. 광고주의 요구 사항이나 표현하고자 하는 카피의 느낌 등을 길게 설명할 필요가 없었다. 그만큼 의미 있는 의견을 서슴없이 이야기해 주었다. 문제는 서슬 퍼런 칼날이 거침없이 날아왔다는 것이다. "이런 접근을 광고주가 좋아하겠어?" "재미는 있는데 실속은 없는 느낌이다…." "무슨 말인지 이해가 안 됨." "이거 다른 광고에서 본 카피 같은데?" 아냐! 아닌데! 왠지 모를 서운함이 치밀어 오르고, 내 마음을 몰라주는 것 같아서 억울한 적도 많았다.

하지만 아내의 의견을 무시할 수는 없었다. 가까운 사람조차 공감하지 못한다면 다른 이들도 내 아이디어를 받아들이기는 어려울 것이었다. 게다가 의견을 구한 건 나인데 답변이 마음에 들지 않는다고 투정을 부리는 것도 따지고 보면 이상했다. 마음을 가다듬고 피드백을 곱씹어 보니 예전에는 미처 보이지 않았던 미흡한 부분이 눈에 들어왔다. 어색한 문체, 난해한 단어, 비논리적인 문장 구조, 광고 품목의 핵심과는 상관없는 카피 등이 속속들이 나타났다. 그리고 끈질기게 해결책을 고민하다 보면 전에 없던 새로운 생각이 튀어나왔다. 기존의 카피를 폐기하고 전혀 다른 카피를 쓰게 되는 일도 많았다. 이런 접근은 나쁘지 않나? 진짜 괜찮을까? 여전히 헷갈렸지만 그럼에도 의견을 구할 사람이 옆에 있다는 게 나름의 위안이 되었다. 이런 과정을 반복할수록 아내의 반응은 차츰 달라졌다. 고치고 또 고칠수록 내 카피도 예전보다 나아졌다. 가족에게 아이디어를 보여주라던 팀장님의 조언은 정말로 틀리지 않았다. 아내라는 가족이 나의 훌륭한 피드백 메이트가 되었으니까.

글을 쓰고 창작을 하는 모든 사람은 작품에 대한 의심에서 완벽하게 벗어날 수 없다. 내가 세상을 놀라게 할 위대한 무언가를 만들었다! 한 치의 흔들림 없이 확신하는 작가는 세상에 존재하지 않는다. 무라카미 하루키도 자신이 쓴 소설을 아내에게 가장 먼저 보여준다고 하지 않았는가. 수많은 소설을 쓴 작가도 마음 한편에는 불안함이 있다. 그것은 부인할 수 없는 사실이다. 그래서 작품을 객관적으로 바라봐 줄 첫 번째 독자가 있다는 건 유의미한 검증을 할 수 있다는 점에서 고맙고도 감사한 일이다.

　　비판적인 의견을 수용하며 기존의 생각을 되새김질하다 보면 더 나은 아이디어를 만나게 된다. 과학자들은 자신이 만든 가설을 절대적인 진리라고 생각하지 않는다. 더 효과적인 이론이 등장하면 기존의 가설은 설득력을 잃기 마련이다. 우주의 중심에 지구가 있다는 천동설은 태양을 중심으로 지구가 공전한다는 지동설이 나타나면서 그 힘을 잃었다. 그 뒤로 우주를 바라보는 인류의 관점은 커다란 변화를 겪었다. 아인슈타인의 상대성 이론은 양자역학이 대두되면서 새로운 국면을 맞이했다. 과학은 반대와 수긍이 한데 뒤엉키면서 끊임없이 진보해 왔다. 자신의 입장과 생각을 계속해서 수정하는 건 변덕스럽게 느껴지기도 한다. 하지만 무언가를 더 좋은 방향으로 나아가게 하는 건 확신보다 의심이다. 아이디어의 세계에선 변덕이 곧 미덕이다. 지속적인 업데이트를 불러오기 때문이다.

회의실에서 들었던 동료들의 의견부터 아내가 해주는 수많은 조언까지, 피드백을 받을수록 내 안에는 검증에 대한 기준들이 차곡차곡 쌓인다. 한때는 어떻게 하면 더 좋을지, 무엇이 문제인지 집요하게 사람들에게 물어보았다면 요즘은 지금껏 받은 조언들을 찬찬히 혼자서 생각하는 시간이 더 많아졌다. "그 문장은 조금 어렵지 않아?" "너무 웃기려고만 한 거 아냐?" "주제가 더 명확하게 드러나면 좋겠어." 사람들의 조언이 귓가에 들려온다. 결과물을 바라보는 다양한 근거가 생긴 만큼 카피를 검증하는 나의 스펙트럼은 더욱 넓어진다. 수많은 피드백 메이트 덕분에 카피를 쓸 때마다 요동치는 마음을 어떻게 다뤄야 할지 지금의 나는 안다. 예전에는 쓸쓸히 외줄타기를 하는 것 같았다면, 이제는 외줄타기를 외롭지 않게 해주는 손잡이가 생긴 것만 같다. 휘청거리거나 떨어질 때도 있지만 나를 지탱해주는 사람들이 있어서 조금 더 멀리 나아갈 수 있다.

글쓰기에 대한 두려움이 커진다면 큰 목소리로 자신의 글을 동네방네 소문내야 한다. 가까운 친구나 가족에게, 아니면 불특정 다수에게 본인의 글을 선보이는 것도 방법이다. 블로그에 달린 댓글도, 게시물의 좋아요 수도 대중의 반응을 확인할 수 있다는 점에서 좋은 피드백이다. 누군가의 창작물과 스스로의 것을 비교하는 것도 도움이 된다. 나의 글이 다른 작가의 글보다 무엇이 더 나은지, 또 어디가 부족한지. 표현이 식상하진 않은지, 접근은 참신한지. 그렇게 자신의 생각을 시험대 위에 올려두고 끊임없이 검증하다 보면 글은 더 나아지기 마련이다. 수많은 이의 피드백을 기꺼이 환영하자. 칭찬은 글을 더 쓰게 만드는 원동력이 되고, 비판은 글을 더 발전시키는 불씨가 된다.

우리를 더 좋은 방향으로
나아가게 하는 건 확신보다 의심이다.
아이디어의 세계에선 변덕이 곧 미덕이다.
지속적인 업데이트를 불러오기 때문이다.

나의 카피는 소중하지만
소중하지 않아요

혼자서 머리를 쥐어짜며 쓴 카피는 분명 나쁘지 않았다. 우리 팀에서 며칠 밤을 고생하며 만든 아이디어는 정말 훌륭했다. 이번에야말로 대한민국을 놀라게 할 광고를 만들 수 있을 거라고 생각했는데⋯. 일을 하다 보면 돌연 광고주의 신랄한 비판에 부딪칠 때가 많다. "와, 너무 아쉽지 않아요?" 힘없이 고개를 끄덕거리는 동료들. 속상하니까 술이나 마시러 가자는 팀장님. 그냥 집에 가고 싶다고 말하는 나. 그럴 때마다 오갈 데 없는 분노를 잠재우며 우리를 회의실로 터덜터덜 걸어가게 하는 자조적인 한마디가 있다.

"우리가⋯ 예술을 하는 건 아니니까⋯."

모든 광고가 어느 정도 예술적인 성향을 띠지만, 백 퍼센트 순수예술이 될 수는 없다. 광고는 본질적으로 소비자의 구매를 유도하는 창작물이다. 순수예술가들이 세상의 시선에 타협하지 않으며 자신만의 세계를 창조하는 데 집중한다면, 카피라이터와 같은 광고인들은 주변의 시선을 끊임없이 의식하며 눈치를 본다. 남들이 좋아할 만한 무언가를, 대중이 환호하는 소재를 찾는 게 광고의 본질인 탓이다.

그래서 카피라이터는 늘 눈칫밥을 먹는다. 밥상 대신 책상 위에 눈칫밥을 한가득 차려놓고 끊임없이 주위를 살피며 키보드를 두드린다. 회의실에서 튀어나오는 동료들의 의견을 신경 써야 하고, 광고주의 피드백을 반영해야 하며, 소비자의 관심을 계속 읽어야 한다. 이 모든 과정을 섣불리 무시해서는 안 된다. 광고는 수많은 이의 피드백을 받아들여야 하는 장르다. 내가 쓴 카피는 누군가의 의견에 따라 고쳐지거나 사라진다. 우리가 낸 아이디어는 컴퓨터 속에 깊이 잠들기도 한다.

나도 머리로는 잘 알고 있다. 광고란 원래 그런 것이란 걸. 하지만 카피라이터도 사람인지라 자신이 만든 창작물에 욕심이 생기기 마련이다. 며칠을 공들여 완성한 자식 같은 카피를 대뜸 고치라고 하면 청개구리 같은 심보가 튀어나온다. 저 진짜 열심히 고민했는데요? 몇십 번을 검토해 보아도 이게 최선입니다만? 여기서 이 단어를 빼면 애초 의도했던 것과는 전혀 다른 카피가 되어버린다고요!…라고 말하고 싶지만 진짜로 그럴 수는 없다. 어엿한 사회인이라면 무릇 사람들 앞에서 무례를 범하지 않아야 하는 법이다. 들끓는 마음을 달래며 최대한 나의 생각을 공손하게 전한다. "말씀 주신 부분은 충분히 이해하지만, 그럴 경우엔 전달력이 다소 떨어지지 않을까요?" "광고의 임팩트를 위해서 조금은 낯설더라도 색다른 화법에 도전해 보는 게 어떨까요?" 내 의견이 상대에게 가닿을 때도 있지만, 이런 시도가 실패로 끝나는 경우도 많다.

광고의 아이러니는 여기에 있다. 광고는 불특정 다수를 위한 것이지만, 제작 과정에 참여하는 다양한 사람들의 주관을 완전히 배제할 수는 없다. 카피라이터와 같은 창작자의 취향, 클라이언트의 평가, 그리고 소비자의 기호 사이에서 적절한 균형점을 찾아야 한다. 하지만 대중의 반응은 누구도 확신할 수 없고, 카피의 효과 역시 미루어 짐작할 뿐이다.

"사람들이 좋아할 만한 카피는 어떻게 쓰나요?"

카피라이팅 특강 중 받은 질문이었다. 고민 끝에 나는 이렇게 대답했다. 카피에 대한 소비자의 반응은 시기와 상황에 따라 얼마든지 달라질 수 있다고. 이를 카피라이터가 완벽하게 예측하는 건 불가능하다고. 그러니 자신이 좋아하는 화법, 스스로를 설레게 하는 카피를 먼저 고민하는 게 중요하다고 답변했다. 대중의 취향을 지나치게 신경쓰다 보면 카피의 매력과 개성이 무뎌지기 십상이다. 카피의 출발점은 언제나 스스로가 되어야 한다. 본인을 설득하지 못하는 카피가 소비자의 마음을 움직이기는 힘들다.

물론 자신의 결과물이 옳다는 지나친 확신은 피해야 한다. 카피의 목적지는 결국 소비자다. 더 많은 사람을 설득하고 싶다면 여러 의견에 귀를 열고 냉정한 태도로 자신의 카피를 바라보아야 한다. 트렌드나 주변의 반응을 살피면서 카피를 수정해 나가는 개방적인 자세가 필요하다. 김지용 작가의 《어쩌다 정신과 의사》(심심)에는 다음과 같은 문장이 나온다.

우리에게 필요한 것은 '완벽한 대상'이 아니라 '충분히 좋은 대상'이다. '충분히 좋은'이란 말을 내 방식대로 더 풀어서 이야기해보자면 '군데군데 불만족스럽고 안 맞는 부분도 있지만, 그래도 이 정도면 괜찮은'이다.

우리가 쓰고자 하는 건 '완벽한 카피'가 아니라 '충분히 좋은 카피'다. '누군가는 반대하거나 싫어할 수도 있지만, 그래도 많은 이들에겐 꽤 괜찮게 받아들여질 수 있는 카피'다. 그렇게 생각하면 다시 쓸 수 있다. 거듭 고칠 수 있다. 끈질기게 검토하고 수정할수록 '좋은 카피'는 '충분히 좋은 카피'로 변해갈 것이다.

키보드 앞에서 끙끙거리며 쓴 문장, 골똘히 생각하며 완성한 카피, 밤을 새우며 만든 아이디어는 소중하다. 하지만 그보다 더 소중한 건, 좋은 광고로 소비자에게 다가가는 것이다. 그렇게 생각하면 공들여 쓴 카피를 다시 검토하게 된다. 까짓 것, 고치면 그만이지. 새롭게 쓸 수도 있는 거지. 씩씩하게 키보드 위에 손을 올리며 힘을 낼 수 있다. 다양한 피드백을 토대로 더 나은 길을 모색할수록 매력적인 카피가 태어날 거라고 믿는다. 내가 쓴 카피는 소중하지만, 그래서 소중하지 않다. 더 멋진 광고를 위해서라면 나는 더 좋은 카피를 얼마든지 쓸 수 있기 때문이다.

카피의 출발점은 나 자신이지만
카피의 목적지는 결국 소비자다.
밤을 새우며 완성한 카피는 소중하지만,
더 멋진 광고를 위해서라면
그것을 얼마든지 고칠 수 있다.

카피는 쓰는 게 아니라
생각하는 것

신입 카피라이터였을 땐 출근길이 늘 두려웠다. 책상에 앉으면 카피는 막막하고, 아이디어는 모르겠고, 집으로 도망치고 싶다는 생각만 들었다. 그 시절 나를 웃게 한 건 휴일마다 짬짬이 챙겨 보는 예능 프로그램이었다. 주변의 추천으로 보게 된 〈냉장고를 부탁해〉는 콘셉트가 신선했다. 의뢰인의 냉장고를 통째로 스튜디오로 가져오고, 그 속에 담긴 재료들로 15분 안에 요리를 만든다는 설정이 흥미로웠다. 분주한 셰프들의 손놀림과 스포츠 중계하듯 요리 상황을 설명하는 MC들의 조합도 보는 재미가 쏠쏠했다. 그런데 프로그램을 보다 보니 묘하게 감정이입이 되었다.

'이거… 내가 하는 일이랑 비슷하잖아!'

광고대행사에선 의뢰인의 냉장고 대신 클라이언트의 광고 오리엔테이션 문서가 등장한다. "여러분, 맛있는 광고 한 편 부탁드립니다!" 파일을 열어보면 요리 재료가 아닌 제품에 대한 자료가 한가득이다. 카피라이터는 셰프가 된 것처럼 고민하기 시작한다. "아, 이번엔 무슨 카피를 쓸지 기대가 됩니다!" MC 김성주의 목소리가 귓속에서 울려오고, 나는 온갖 자료를 수집하며 아이디어를 생각한다. 하지만 셰프들이 15분 만에 멋진 요리를 만드는 것과 달리 근사한 카피는 금세 나오질 않는다. "이승용 카피라이터! 아… 이번 미션은 실패인가요!" 보이지 않는 목소리가 나를 괴롭힌다.

카피를 순수하게 '타이핑'하는 시간은 사실 15분도 걸리지 않는다. 30초 광고에 들어가는 카피의 분량은 대략 200자 내외고, 준수한 키보드 타이핑 실력을 지니고 있다면 몇 분 안에 모든 문장을 충분히 적을 수 있다. 오뚜기 3분 요리처럼 카피를 완성하는 것도 아주 불가능한 건 아닌 셈이다. 그럼 일단 뭐든 써보면 되겠네! 아무것도 안 하는 것보단 그게 나은 거 아닌가? 호기롭게 키보드를 두드리다 보면 근사한 문장이 어느새 눈앞에 나타나…기는커녕 의미 없는 글을 썼다 지우길 반복하게 된다. 카피에 대한 밑그림이 머릿속에 없었기 때문이다.

카피라이팅은 냉장고 속 재료를 살피며 메뉴를 궁리하는 일과도 같다. 맛있는 음식이 카피라는 결과물이라면, 요리의 재료는 광고 제품의 특징이다. 여기서 중요한 건 재료를 살펴보며 메뉴를 떠올리는 과정, 즉 아이디어를 구체화하는 과정이다. 지금 냉장고에서 김치, 찬밥, 스팸, 계란, 대파가 보인다면 계란 프라이를 얹은 스팸김치볶음밥을 떠올릴 수 있다. 메뉴가 명확해지면 요리는 수월해진다. 그다음엔 프라이팬을 꺼내 기름을 휘휘 두르고 재료를 달달 볶으면 그만이다. 그런데 메뉴는 모르겠고 일단 프라이팬을 냅다 불 위에 올려버린다면 아무래도 제대로 된 요리를 만들기는 어렵다. 어어! 프라이팬 탈 것 같은데? 일단 김치를 넣어볼까? 근데 또 뭐 넣지? 어느새 부엌은 연기로 자욱하다. 급한 마음에 키보드부터 두드리는 건 정해진 메뉴 없이 가스 불을 켜고 프라이팬부터 올리는 것과 같다. 그리고 성급한 마음은 열불로 이어지는 경우가 많다. 어디서 타는 냄새 안 나요…?

카피를 쓰고 싶다면 먼저 머리를 써야 한다. 문장은 생각을 담아내는 도구다. 결국 좋은 생각이 없으면 좋은 문장도 탄생하지 않는다. 아이디어의 재료를 하나둘씩 펼쳐놓고 어떤 메뉴를 선보일지 치열하게 고민하는 게 우선이다. 스마트폰 광고 카피를 쓴다면 일단 제품의 특징을 꼼꼼히 분석해야 한다. 경쟁사 제품과 비교해 디스플레이가 더욱 얇아졌다는 디자인적 특징을 찾을 수도 있겠다. 카피라이팅의 주재료가 정해진 다음엔 어떤 맛을 중점적으로 표현할지 고민해 본다. 메인 타깃층이 MZ세대라면, 이에 적합한 톤앤매너가 필요하다. 무겁지 않게, 조금은 통통 튀는 느낌으로. 가벼우면서도 입에 착 달라붙는 어휘를 쓰는 편이 좋을 것이다. 카피를 어떤 그릇에 담아낼지도 생각해 보아야 한다. 반어법을 사용할지, 유행어를 쓸지, 언어유희를 활용할지 고민해 본다.

초조한 마음에 섣불리 키보드를 두드리면 불안만 커진다. 8시간 뒤에 카피를 보여줘야 한다면, 적어도 7시간은 생각에 깊이 빠지는 편이 낫다. 나는 아이디어가 잘 떠오르지 않으면 유튜브를 보거나 잡지를 뒤적거린다. 평소에 저장해 둔 여러 짤방을 살펴보기도 한다. 다양한 자극을 접하며 써야 할 카피를 궁리하다 보면 의외의 실마리를 찾을 때가 많다. 마인드맵을 그려보는 것도 유용하다. 단어도 좋고 문장도 괜찮다. 아무 말이라도 좋으니 일단 써본다. 생각의 조각들을 펼쳐놓고 여러 방식으로 조합하다 보면 카피의 단초가 눈에 들어온다. 아이디어의 방향성이 명확해지면 키보드 위에 손을 올리고 카피를 매만지는 과정은 한결 명쾌해진다. 레시피가 정해지는 순간 부엌에서의 손놀림이 거침없어지는 것처럼 말이다.

〈냉장고를 부탁해〉에서 가장 좋아한 출연자는 김풍 씨였다. 그는 전문 셰프가 아닌 만화가였지만, 그래서인지 그의 요리는 언제나 기상천외했다. 셰프들이 근사한 플레이팅을 뽐내는 것과는 달리 그는 황당한 비주얼의 요리를 주로 선보였다. 베이컨용 삼겹살로 밥을 감싼 '시금치 나무에서 애벌레 쇼를'은 보는 순간 애벌레를 연상시키며 출연자 모두를 경악하게 했다. 밀가루 면을 한 줄로 길게 이어 빨간 국물에 빠뜨린 '긴풍면'은 먹다 남은 짬뽕 같다는 평을 받으며 실소를 자아냈다. 그럼에도 그의 요리는 대부분 맛있다는 평을 들었다. 보기엔 좀 별로여도 먹기엔 훌륭했던 것이다. 덕분에 그는 전문 셰프들과의 대결에서 많은 승리를 거뒀다. 요리의 핵심은 겉보기가 아닌 맛이라는 걸 새삼 깨닫게 되는 대목이다.

새로운 카피를 요리조리 궁리하는 과정도 마찬가지다.

카피의 본질은 남다른 생각이다. 근사한 문체, 아름다운 문장도 좋지만, 카피의 맛을 결정하는 건 그 속에 숨겨진 색다른 시선이다. 오늘도 나는 책상에 앉아 냉장고 문을 열 듯 메모장을 펼친다. 어떤 재료로 무엇을 만들지, 무슨 토핑을 올릴지, 여기에 곁들일 음악은 또 무엇일지 골똘히 생각한다. 조급해지는 마음을 차분하게 달래면서, 맛있는 카피와 아이디어를 찾아보는 것이다.

좋은 생각이 없으면
좋은 문장도 탄생하지 않는다.
8시간 뒤에 카피를 보여줘야 한다면,
적어도 7시간은 생각에 빠지는 편이 낫다.
생각의 조각들을 펼쳐놓고
여러 방식으로 조합하다 보면
카피의 단초가 눈에 들어온다.

생각을 움직이는 춤,
멈춤

카피라이터라고 365일 항상 바쁜 건 아니다. 하지만 바쁠 땐 확실하게 바쁘다. 몇 건의 광고 프로젝트가 동시에 돌아가면 무시무시한 쳇바퀴가 돌아간다. 새벽까지 야근을 하고, 잠시 집에 들어가 눈을 붙이고, 다시 출근해 일하다 보면 어느새 새벽이다. 이런 나날이 월화수목금토일 계속되면 오늘이 무슨 요일인지조차 까먹게 된다. 주말이 사라지면 평일에 대한 감각도 사라지기 마련이다.

업무가 바쁠 땐 놀고 싶은 마음도 덩달아 바빠졌다. 없는 짬을 만들어서 어떻게든 놀려고 기를 썼다. 야근이 끝나면 동료들의 옆구리를 쿡쿡 찔렀다. "딱 한잔만?" 새벽 한 시에 퇴근해

새벽 네 시까지 술을 마셨다. 친구들을 우리 집에 대기시킨 적도 있다. "나 야근하고 갈 테니까 너네 먼저 놀고 있어!" 술자리는 아침 해가 뜰 때까지 이어지기도 했다. 이렇게 늦게까지 일했는데 그냥 자는 건 아깝지 않나? 이상한 보상심리가 작동하면 밤 늦게까지 유튜브를 보거나 SNS를 뒤적거리기도 부지기수였다.

카피라이터라면 바쁜 와중에도 트렌드를 챙겨야 한다고 생각했다. 업무 스케줄이 빡빡해도 남들이 하는 건 다 해봐야 직성이 풀렸다. 다들 가는 핫 플레이스는 점심시간을 틈타서라도 들렀다. 모처럼 찾아온 휴일에도 마냥 쉬는 건 불안했다. 유명하다는 전시회나 화제가 되는 팝업 스토어를 찾았다. 사람들 입에 오르내리는 영화나 OTT 콘텐츠는 빠짐없이 감상했고, 베스트셀러도 짬 날 때마다 들춰봤다. 나는 쉴 틈 없이 보고 느껴야 할 것들을 찾아 헤맸다.

"아무것도 하기 싫다."

어느 날 아침, 눈을 뜨자마자 이 말이 튀어나왔다. 출근이 너무나 힘들게 느껴졌다. 트렌드를 챙기던 일련의 노력도 지겨웠다. 심지어 유튜브 광고만 봐도 스트레스로 가슴이 벌렁거렸다. 이게 번아웃인가? 그런데 쉬는 건 어떻게 하는 거지? 여유로울 땐 바빠질 때를 대비해서 쉼 없이 무언가를 했고, 바쁠 땐 틈틈이 놀기 바빴던 나였다. 아무것도 하지 않는 일상은 어색하기만 했다.

그즈음 코로나 바이러스가 세상을 휩쓸었다. 재택 근무가 잦아졌고 집에 있는 시간이 늘어났다. 생활 패턴이 바뀌자 전에 없던 여유가 생겼다. 나는 업무와 관련된 것들로부터 멀어져 보기로 결심했다. 책이나 영화처럼 아이디어를 자극하는 것들을 애써 외면하기로 마음먹었다. 친구들과의 술자리도 업무와 연관된 대화로 빠지는 경우가 많았다. 약속을 줄이고 혼자만의 시간을 늘려보기로 했다. 나는 광고와 관련 없는 것에 더 많은 시간을 쏟고 싶었다. 여러 시도 끝에 찾은 해결책은 요리와 러닝이었다.

잘 먹는 만큼 잘 살 수 있는 게 인생이라면, 끼니를 챙기는 건 내 삶을 돌보는 일과도 같았다. 점심과 저녁 메뉴를 고민하고, 장보기 애플리케이션으로 재료를 주문하고, 도착한 야채와 고기를 손질하다 보면 '맛있는 밥을 먹어야지'라는 단순한 생각밖에 들지 않았다. 포슬포슬한 순두부찌개, 맛깔나게 볶은 제육볶음, 불린 표고버섯을 넣은 솥밥, 매콤하고도 느끼한 맛이 일품인 버터치킨카레, 눅진하고도 달큰한 갈비찜까지, 요리의 스펙트럼이 다양해질수록 나의 일상은 더욱 맛있어졌다. 배달 음식이나 술자리 안주로 배를 채우던 주말은 밥 짓는 냄새가 가득한 휴일로 바뀌었다. 그리고 잘 챙겨 먹고 있다는 자각은 잘 살고 있다는 든든한 위로가 되었다.

요리가 내 삶을 배부르게 채워줬다면, 러닝은 힘든 업무에서 나를 벗어나게 했다. 회사 일을 하다가 마음이 답답해지면 옷을 갈아입고 마스크를 쓴 채 밖으로 나가 달렸다. 헉헉거리며 사는 삶보다는 길 위에서 뛰다가 헉헉거리는 게 더 나았다. 달리기를 할 땐 '런데이'라는 애플리케이션을 활용했다. 귀에 이어폰을 꽂고 '30분 달리기 도전' 프로그램을 켜면 근사한 목소리의 성우가 나타나 쉴 새 없이 조언을 해줬다. 러닝화를 고르는 기준이나 달릴 때 좋은 자세 등 다양한 정보를 듣다 보면 달리기의 지루함이 사그라들었다. 그리고 땅을 박차는 두 발에 온전히 집중하다 보면 금세 반환점이 눈앞에 나타났다. 일상으로 돌아갈 수 있는 용기가 생겼다. 러닝 후에는 직접 만든 요리로 허기를 달랬다.

카피라이터는 짧은 시간 안에 아이디어를 만든다. 그래서 머릿속 생각의 창고를 틈날 때마다 채우는 게 중요하다. 나는 아이디어나 카피의 소재를 수시로 찾아 나섰다. 다양한 콘텐츠를 감상하고 영감이 될 만한 것들을 수집하며 밑줄 친 텍스트를 잊지 않고 메모장에 옮겼다. 여러 브랜드의 멋진 광고를 짬짬이 찾아보았고 새롭게 알게 된 다양한 레퍼런스를 차곡차곡 정리하는 일도 멈추지 않았다. 이 모든 건 분명 도움이 되었고 또 필요한 일이었다.

하지만 다양한 자극을 머릿속에 담는 것에만 몰두하다 보니 정작 생각의 창고를 튼튼하게 관리하는 일엔 무관심했다. 아이디어에 필요한 건 '버닝(bruning)'이 아닌 '샤이닝(shining)'이다. 스스로를 쉴 틈 없이 몰아붙이다 보면 아이디어의 동력을 모두 소진하게 된다. 생각의 창고에 섣불리 불을 질러선 안 된다. 먼지 쌓인 창고 곳곳을 틈날 때마다 닦아주며 반짝이도록 관리하는 게 필요하다. 건강한 몸과 마음이 없다면, 빛나는 아이디어도 없다.

I'm inspired by cooking my dogs and books.
나는 강아지와 책을 요리하는 것에서 영감을 얻어요.

I'm inspired by cooking. My dogs. And books.

나는 요리에서 영감을 얻어요. 나의 강아지로부터도. 책
에서도.

폭스바겐의 자동차 파사트의 인쇄 광고 카피다. 어디에
마침표를 찍는지에 따라 문장의 의미는 천차만별로 달라진다.
단 두 개의 마침표를 추가했을 뿐인데 '강아지와 책을 요리하는
이상한 사람'은 '강아지와 책과 요리를 사랑하는 사람'으로 순
식간에 바뀐다. 광고는 파사트의 도심 긴급 제동 장치를 마침표
에 비유하며 다음과 같은 메시지를 전한다. "적절한 순간에 잘
멈추는 게 중요합니다(It's important to stop at the right moment)."

자동차에도, 사람에게도 브레이크는 중요하다. 멈추지
못하는 자동차는 위험하고, 끊임없이 질주하는 사람은 위태롭
다. 세상 어딘가에는 아무것도 하지 않으면 아무 일도 일어나지
않는다고 말하는 사람들이 있을 것이다. 하지만 아무것도 하지
않는 순간이 때론 무엇이든 할 수 있는 용기를 주기도 한다. 좋
은 생각을 위해선 좋은 마침표가 필요하다.

마침표는 결코 끝이 아니다. 다음 문장을 쓰게 만드는 시

작점이다. 잠깐의 멈춤은 더 멀리 나아가는 힘이 된다. 그리고 텅 빈 백지처럼 스스로를 비울 때 우리는 무엇이든 쓸 수 있는 존재가 된다.

건강한 몸과 마음이 없다면,
빛나는 아이디어도 없다.
자동차에도, 사람에게도
브레이크는 중요하다.
아무것도 하지 않는 순간이 때로는
무엇이든 할 수 있다는 용기를 준다.

헛소리에
불과한 헛소리들

내가 카피라이터로 일하면서 즐겨 먹는 회는, 후회가 아닐까 싶다. 키보드를 두드리며 카피를 쓰다 보면 의욕이 펄떡펄떡 튀어 오른다. 이번에야말로 임팩트 있는 아이디어를 보여드리겠습니다! 하지만 의욕이 너무 커지면 이내 과욕이 된다. 어깨에 잔뜩 힘이 들어가면 지나친 표현이나 오글거리는 문장, 의도와는 상관없는 카피를 만드는 경우가 많다. 결국 회의실에선 부정적인 피드백이 오가고, 카피를 쓰던 나의 어깨는 축 처지고 만다. '그렇게 쓰지 말걸…' 물컹거리는 후회의 맛이 혀 위를 맴돌며 속을 쓰리게 한다.

여성용 화장품 광고를 만들 때였다. 메이크업이 필요한

이유를 도발적으로 어필하고 싶었다. 완성한 카피를 한데 모아 보니 "여성스러워지고 싶다면, 매력적으로 보이고 싶다면, ○○ 제품을 써보세요"와 같은 내용이 주를 이뤘다.

"그런데 소비자가 화장품을 쓰는 이유가 이런 것뿐일까?"

카피를 본 팀장님은 짧은 대답을 남겼다. 스스로를 가꾸는 행위에는 여러 가지 의미가 있다. 자신의 만족을 위해서, 건강한 피부를 위해서, 사람들은 다양한 이유로 메이크업 제품을 구매한다. 이 모든 것을 무시한 채 '화장품은 매혹의 수단'이라고 얄팍하게 정의하는 건 '여자는 꾸밀 줄 알아야 한다'라는 사회적 고정관념을 그대로 드러내는 것과도 같았다. 나는 얼굴이 빨개진 채 자리로 돌아와 황급히 카피를 고쳤다.

글을 쓰는 사람에게 어휘력은 필수적이다. 단어의 스펙트럼이 넓어질수록 문장과 표현은 풍성해지기 마련이다. 하지만 다양한 단어를 숙지하는 게 좋은 글쓰기의 전부는 아니다. 어휘에 대한 감수성을 키우는 것 역시 중요하다. 감수성의 사전적 정의는 '외부 세계의 자극을 받아들이고 느끼는 성질'이다.

텍스트를 다루는 사람이라면 하나의 단어가 어떤 식으로 세계에 영향을 미치는지 민감하게 파악해야 한다. 언어 감수성은 재미나 임팩트에만 지나치게 몰두해 타인을 언짢게 하는 일이 발생하지 않도록 막아주는 과속 방지턱과도 같다.

무심코 쓰는 표현이 때론 누군가의 마음을 불편하게 한다. 별 뜻 없이 쓰는 단어라도 자세히 살펴보아야 하는 이유다. '결정 장애'는 결정을 머뭇거리는 부정적인 상황을 장애에 비유함으로써 장애인을 비하한다. '확찐자'라는 단어는 코로나 시대 이후 야외 활동이 제한된 사람들의 체중이 늘었다는 걸 웃기게 표현한 신조어다. 하지만 생명을 위협받는 심각한 확진자를 생각한다면 이 단어가 마냥 유쾌하게 다가오지는 않는다. '주린이'는 주식에 어린이를 더해 만든 신조어로 주식을 잘 알지 못하는 초보를 일컫는 말이다. 어린이를 모든 것에 미숙한 존재로만 치부하는 부정적인 고정관념이 느껴지는 표현이다. 나는 아내에게 눌려 지내는 남편을 지칭하는 '공처가'라는 말을 더 이상 쓰지 않는다. 공처가의 반의어로 '남편에게 눌려 지내는 아내'를 일컫는 단어는 존재하지 않는다. 아내는 본래 남편을 섬겨야 한다는 가부장적 인식이 드러나는 대목이다.

2014년, 생리대 브랜드 위스퍼에서 진행한 '#여자답게(#LikeAGirl)'라는 캠페인이 있다. 인터뷰 형식으로 진행된 이 광고는 다양한 참가자에게 질문을 던진다.

"여자답게 달리는 모습을 보여주세요."
"여자답게 싸우는 모습을 보여주세요."
"여자답게 던져보세요."

성인 여성과 남성, 그리고 소년은 소위 말하는 '여성스러운' 모습으로 달리고, 주먹질을 하고, 공을 던지는 포즈를 취한다. 양팔을 가녀리게 흔들며 뒤뚱거리는 모습이 주를 이룬다. 이들이 묘사하는 여성스러움은 연약하고, 전형적이며, 우스꽝스럽다. 하지만 같은 질문을 여자아이들에게 했을 때 그 반응은 사뭇 다르다. 자신만의 방식으로 달리기를 하고, 씩씩하게 주먹을 내지르고, 한쪽 팔을 힘차게 휘두르며 공을 던진다. 광고는 여성스러움에 대한 고정관념을 자연스럽게 이끌어내고 이를 당차게 부순다. 그리고 '여자답게'라는 말에 담긴 진정한 가치를 다시 한번 생각하게 한다. 이 캠페인은 공개된 후 여러 매체에서 8500만이 넘는 조회 수를 기록하며 수많은 소비자에게 의미 있는 메시지를 전했다.

잘못된 통념이나 사회문제 등에 관심을 가지는 브랜드에 사람들은 뜨거운 지지를 보낸다. 기꺼이 해당 브랜드를 사용하며 이들의 가치 있는 행보를 응원한다. 소비 활동은 단순히 물건을 구매하는 행위가 아니다. 브랜드가 지닌 가치와 신념을 적극적으로 소비하는 과정이다. 좋은 브랜딩은 제품이나 서비스의 매력뿐만 아니라 적절한 시대 정신을 담아낸다. 두 마리 토끼를 다 잡는 일은 결코 쉽지 않지만 이 어려운 일을 해내는 게 크리에이터의 역할이자 책임이 아닐까 싶다.

회사에서 카피를 쓰다 보면 '워싱(washing)'이란 말을 자주 듣는다. 추상적인 문장을 가다듬고, 투박한 표현을 세련되게 바꿔보자는 뜻이다. "여기 이 문장 좋은데요. 좀 더 워싱하면 어떨까요?" "승용 카피라이터! 여기 워싱하자!" 나는 그릇을 닦듯 이마를 문지르며 어떻게 문장을 다듬을지 고민한다. 그리고 카피에 얼룩진 부분은 없는지 끊임없이 되묻는다. 내 생각의 그릇은 지금 깨끗한 걸까? 내 글이 누군가를 폄하하고 있는 건 아닐까? 때 묻지 않은 카피를 완성할 때까지 스스로를 의심한다. 나라는 사람을 워싱한다.

일상 속 유해한 표현을 지속적으로 파악하고 추려내는

건 쉽지 않다. 하지만 카피라이터라면, 수많은 이들에게 텍스트를 전하는 사람이라면, 책임감을 가지고 자신의 글을 거듭 검토해야 한다. 무해하고도 유쾌한 카피는 끈질긴 의심 끝에 태어난다. 나에겐 배울 단어가 여전히 많지만 그것이 부끄럽지는 않다. 무지를 인정하지 않고 배움을 거부하는 것이야말로 부끄러운 일일 테다. 그러니까 우리 모두 자신만의 어휘 사전을 지속적으로 업데이트합시다! 자칫하면 저처럼 얼굴이 빨개지는 상황을 겪게 될 테니까요.

언어 감수성은
재미나 임팩트에만 지나치게 몰두해
타인을 언짢게 하는 일을 막아주는
과속 방지턱과도 같다.
텍스트를 다루는 크리에이터라면
자신만의 어휘 사전을
지속적으로 업데이트해야 한다.

참고 문헌

PART 1

＊ 김영범, 〈아이유 "바튼은 좋은 사람이야"〉,《골닷컴》, 2012.9.6.

PART 2

＊ 〈수능 보는 딸에게 엄마가 아침밥으로 '미역국'을 끓여 준 이유〉,《인사이트》, 2018.11.13.에 소개된 사연을 인용

＊ 트위터 @ 바또용

＊ 트위터 @ china_word

＊ 문보영,《사람을 미워하는 가장 다정한 방식》, 쌤앤파커스, 2019.

＊ 박소란, 〈주소〉,《심장에 가까운 말》, 창비, 2015.

＊ 홍순영, 〈기울어지는 세계〉,《오늘까지만 함께 걸어갈》, 시인동네, 2017.

＊ 이문재, 〈바닥〉,《지금 여기가 맨 앞》, 문학동네, 2014.

＊ 이문재, 〈사막〉,《지금 여기가 맨 앞》, 문학동네, 2014.

＊ 김승우, 〈재영 책수선 : 파손의 흔적은 책의 쓸모를 보여준다, 사람도 그

렇다〉, 《롱블랙》, 2022.4.23.

오은, 〈척〉, 《유에서 유》, 문학과지성사, 2016.

김민정, 《아름답고 쓸모없기를》, 문학동네, 2016.

PART 3

김연숙, 《눈부신 꽝》, 문학동네, 2015.

권대웅, 〈아득한 한 뼘〉, 《나는 누가 살다 간 여름일까》, 문학동네, 2017.

김지용, 《어쩌다 정신과 의사》, 심심, 2020.

이미지

008쪽. ⓒ 충주시 페이스북

164쪽. ⓒ Guillaume Apollinaire

190쪽. ⓒ Crossword Bookstores

192쪽. ⓒ McDonald

193쪽. ⓒ LEGO

헛소리의 품격

초판 1 쇄 발행 2023년 2월 10일

지은이 이승용

펴낸이 권미경

편집장 이소영

기획 밀리의 서재

편집 이정주

마케팅 심지훈, 강소연, 김재이

디자인 말리북

펴낸곳 ㈜ 웨일북

출판등록 2015년 10월 12일 제2015-000316호

주소 서울시 마포구 토정로 47, 서일빌딩 701호

전화 02-322-7187 **팩스** 02-337-8187

메일 sea@whalebook.co.kr **인스타그램** instagram.com/whalebooks

© 이승용, 2023

ISBN 979-11-92097-41-1 03320

소중한 원고를 보내주세요.
좋은 저자에게서 좋은 책이 나온다는 믿음으로, 항상 진심을 다해 구하겠습니다.

* 이 책에 재수록된 작품 및 도판은 저작권자의 허가를 받았으나, 일부 저작권자를 찾지 못한 경우나
연락이 닿지 않은 경우는 추후 확인되는 대로 허가 절차를 밟도록 하겠습니다.